Korte Verhalen in het Turks

Korte verhalen in Turks voor beginners en gevorderden

Emre Kaplan

greenthumbpublishing@gmail.com

Inhoud

Inleiding

Lezen in een vreemde taal is een van de meest effectieve manieren om uw taalvaardigheid te verbeteren en uw woordenschat uit te breiden. Toch kan het soms moeilijk zijn om boeiend leesmateriaal op een geschikt niveau te vinden dat een gevoel van prestatie en vooruitgang geeft. De meeste boeken en artikelen die voor moedertaalsprekers zijn geschreven, kunnen te lang zijn en moeilijk te begrijpen, of kunnen een woordenschat op zeer hoog niveau hebben, zodat u zich overweldigd voelt en het opgeeft. Als deze problemen bekend klinken, dan is dit boek iets voor jou!

Korte Verhalen in het Turks is een verzameling van 25 onconventionele en onderhoudende korte verhalen die zijn ontworpen om beginnende tot gemiddeld niveau Turks lerenden te helpen hun taalvaardigheden te verbeteren.

Deze korte verhalen creëren een ondersteunende leesomgeving door het opnemen van:

- Rijke taalkundige inhoud in verschillende genres om u te vermaken en u bloot te stellen aan een verscheidenheid van woordvormen.
- Kortere verhalen in hoofdstukken om u de voldoening te geven verhalen af te maken en snel vooruitgang te boeken.
- Teksten die op uw niveau geschreven zijn, zodat ze gemakkelijker te begrijpen zijn en niet overweldigend.
- Nederlandse vertaling op wisselende pagina's, zodat u er regel voor regel direct naar kunt verwijzen terwijl u het Turks verhaal leest.
- De belangrijkste woordenschat staat vetgedrukt in

het hele verhaal en de vertaling, zodat u onbekende woorden gemakkelijker kunt begrijpen.
- Begrijpelijke vragen om uw begrip van belangrijke gebeurtenissen te testen en om u aan te moedigen meer in detail te lezen.

Dus of u nu uw woordenschat wilt uitbreiden, uw begrip wilt verbeteren of gewoon voor uw plezier wilt lezen, dit boek is de grootste stap voorwaarts die u dit jaar in uw studie zult maken. Korte Verhalen in het Turks geeft u alle steun die u nodig hebt, dus leun achterover, ontspan, en laat uw fantasie de vrije loop terwijl u wordt meegevoerd naar een magische wereld van avontuur, mysterie en intrige - in het Turks!

Hoe dit boek te gebruiken

Lezen is een moeilijk talent om onder de knie te krijgen. We gebruiken een reeks microvaardigheden om ons te helpen lezen in onze moedertaal. We kunnen bijvoorbeeld een passage doornemen om een globaal idee te krijgen van waar het over gaat. Of we kammen een groot aantal bladzijden van een treindienstregeling door op zoek naar een specifieke tijd of plaats. Terwijl deze microvaardigheden een tweede natuur zijn bij het lezen in onze moedertaal, blijkt uit onderzoek dat we de meeste ervan vaak vergeten bij het lezen in een vreemde taal. Wanneer we een vreemde taal leren, beginnen we gewoonlijk bij het begin van een tekst en werken we ons een weg door de tekst, waarbij we elk woord proberen te begrijpen. Onvermijdelijk komen we onbekende of ingewikkelde termen tegen en raken we geïrriteerd door ons onvermogen om ze te begrijpen.

Een van de grootste voordelen van het lezen in een vreemde taal is dat je wordt blootgesteld aan een groot aantal zinnen en uitdrukkingen die in alledaagse situaties worden gebruikt. Extensief lezen is een term die wordt gebruikt om het lezen voor plezier aan te duiden om een taal te leren. Het is niet zoals het lezen van een tekstboek, wanneer gesprekken of teksten zijn ontworpen om langzaam en zorgvuldig te worden gelezen met het doel om elk woord te begrijpen. "Intensief lezen" verwijst naar lezen dat wordt gedaan om specifieke leerdoelen te bereiken of taken te voltooien. Anders gezegd, intensief lezen in tekstboeken helpt meestal bij het leren van grammaticaregels en bepaalde woordenschat, maar extensief lezen van verhalen helpt bij het leren van natuurlijke taal.

Korte Verhalen in het Turks biedt u de mogelijkheid om meer te leren over natuurlijk Turks taalgebruik, ook al bent u uw taalleertocht misschien begonnen met uitsluitend tekstboeken. Hier zijn een paar tips om in gedachten te houden als u de verhalen in dit boek leest om er het meeste uit te halen: Als het op lezen aankomt, zijn plezier en een gevoel van vervulling van cruciaal belang. Je blijft terugkomen voor meer omdat je geniet van wat je aan het lezen bent. Elk verhaal van begin tot eind lezen is de beste methode om plezier te beleven aan het lezen van verhalen en je volbracht te voelen. Het belangrijkste is dan ook om het einde van een verhaal te halen. Dat is eigenlijk nog belangrijker dan elk woord te kennen.

Hoe meer je leest, hoe meer kennis je zult opdoen. U zult snel een kennis hebben van hoe Turks werkt als u grotere boeken leest voor uw plezier. Bedenk echter wel dat u, om ten volle van de voordelen van extensief lezen te kunnen profiteren, eerst een voldoende omvangrijk boek moet lezen. Door hier en daar een paar bladzijden te lezen leert u misschien een paar nieuwe woorden, maar het zal geen significant verschil maken in uw algehele niveau van Turks.

Accepteer dat je niet alles zult begrijpen van wat je in een roman leest. Dit is, zonder twijfel, het meest cruciale punt! Onthoud altijd dat het volkomen aanvaardbaar is dat u niet alle woorden of zinnen begrijpt. Het betekent niet dat je taalvaardigheden ontoereikend zijn of dat je slecht presteert. Het geeft aan dat u actief betrokken bent bij het leerproces.

Leesgids

Om het meeste uit het lezen van Korte Verhalen in het Turks te halen, kunt u het beste dit eenvoudige leesproces in zes stappen volgen voor elk hoofdstuk van de verhalen:

1. Lees de titel van het hoofdstuk. Denk na over waar het verhaal over zou kunnen gaan. Lees dan het verhaal helemaal door. Uw doel is gewoon het einde van het verhaal te bereiken. Stop daarom niet om woorden op te zoeken en maak u geen zorgen als er dingen zijn die u niet begrijpt. Probeer gewoon de plot te volgen.

2. Wanneer u het einde van het verhaal hebt bereikt, scant u de Nederlandse vertaling om te zien of u hebt begrepen wat er is gebeurd en pikt u alle context op die u misschien hebt gemist.

3. 3. Ga terug en lees hetzelfde verhaal opnieuw. Als u wilt, kunt u zich meer op de details van het verhaal concentreren, maar anders leest u het gewoon nog een keer door.

4. 4. Werk vervolgens door de begripsvragen in Turks om te controleren of u de belangrijkste gebeurtenissen in het verhaal begrijpt. Als u de vragen niet helemaal begrijpt, hoeft u zich geen zorgen te maken. Gebruik uw kennis om zo goed mogelijk te antwoorden.

5. Op dit punt moet u de belangrijkste gebeurtenissen van het hoofdstuk enigszins begrijpen. Als dat niet het geval is, kunt u het hoofdstuk een paar keer herlezen, waarbij u de vertaling gebruikt om onbekende woorden en zinnen te controleren, totdat u zich zeker voelt.

Zodra u klaar bent en zeker weet dat u begrijpt wat er is gebeurd - of dat nu na één lezing van het verhaal is of na meerdere - gaat u verder met het volgende verhaal en geniet u verder van het verhaal in uw eigen tempo, net zoals u van elk ander boek zou genieten.

Pas als u een verhaal in zijn geheel hebt uitgelezen, moet u overwegen terug te gaan en de verhaaltaal desgewenst verder uit te diepen. Of in plaats van u zorgen te maken of u alles begrijpt, de tijd te nemen om u te concentreren op alles wat u hebt begrepen en uzelf te feliciteren met alles wat u hebt gedaan.

Korte Verhalen

in het Turks

Emre Kaplan

Mersin

Mersin hiçbir yerin ortasında yer alan küçük bir kasabaydı. Onu özel kılan tek şey çok büyük ve **güzel bir** göle sahip olmasıydı. Her yıl yazın ilk günü Mersin'deki tüm **aileler** piknik yapmak ve sıcak havanın tadını çıkarmak için göl kenarında toplanırdı. Özellikle bir aile, Smith'ler, bu yıllık geleneği her zaman dört gözle beklerdi. **Sabah** erkenden arabalarını yiyecek ve içeceklerle doldururlar, böylece bir an önce göle ulaşabilirlerdi. Oraya vardıklarında, su kenarındaki büyük ağaçlardan birinin altına battaniyelerini kurar ve saatlerce dinlenir, yüzer ve birlikte **oyunlar** oynarlardı. Smith'ler doğanın güzelliğiyle çevrili mutlu yerlerinde zaman **geçirmeyi** seviyorlardı; ama en önemlisi, bu anları birbirleriyle paylaşabildikleri için değer veriyorlardı - günümüzün yoğun dünyasında giderek daha nadir hale gelen bir şey.

Mersin'de güzel bir gündü. Güneş parlıyor ve kuşlar cıvıl cıvıl ötüyordu. Smith ailesi göle yeni **varmıştı** ve su kenarındaki büyük ağaçlardan birinin altına **battaniyelerini** kuruyorlardı. Hep birlikte kaliteli zaman geçirecekleri, yüzecekleri, oyun oynayacakları ve birbirlerinin arkadaşlığında rahatlayacakları için heyecanlıydılar. **Birden,** gölün diğer tarafından gelen yüksek sesli bir şıpırtı duydular.

Mersin

Mersin was een kleine stad in het midden van nergens. Het enige wat het bijzonder maakte was het feit dat het een heel groot en **mooi** meer had. Elk jaar, op de eerste dag van de zomer, verzamelden alle **families** in Mersin zich bij het meer om te picknicken en te genieten van het warme weer. Een bepaalde familie, de Smiths, keek altijd uit naar deze jaarlijkse traditie. Ze pakten hun auto vroeg in de **ochtend** vol met eten en drinken, zodat ze zo snel mogelijk bij het meer konden zijn. Eenmaal aangekomen, legden ze hun deken onder een van de grote bomen aan de rand van het water en brachten uren door met ontspannen, zwemmen en samen **spelletjes spelen**. De Smiths hielden ervan om tijd **door te brengen** op hun gelukkige plek, omringd door de schoonheid van de natuur; maar bovenal koesterden ze deze momenten omdat ze die met elkaar konden delen - iets wat steeds zeldzamer wordt in de drukke wereld van vandaag.

Het was een prachtige dag in Mersin. De zon scheen en de vogels zongen. De familie Smith was net bij het meer **aangekomen** en was hun **deken aan het opzetten** onder een van de grote bomen aan de rand van het water. Ze waren allemaal opgewonden om samen wat tijd door te brengen, te zwemmen,

Arkalarını döndüklerinde büyük bir balığın sudan kıyıya atladığını gördüler! Evinin güvenliğine geri dönmek için çırpınıyordu. Ama artık çok geçti - balık **çoktan** karaya çıkmış ve nefes nefese kalmıştı. Baba yardıma koşarken, karısı da bu nadir olayın fotoğrafını çekebilmek için fotoğraf makinesini kaptı. Çocukları, bu **muhteşem** yaratığın gözlerinin önünde yaşam mücadelesi vermesini huşu içinde izliyordu. O anda, bir aile olarak bu kadar özel bir şeyi birlikte **deneyimleyebildikleri** için ne kadar şanslı olduklarını fark ettiler. Birkaç dakika sonra balık **hareket etmeyi** bıraktı ve öldüğü anlaşıldı.

Baba üzgün hissediyordu ama aynı zamanda böyle nadir bir olayı görebildiği için minnettardı. Çocuklarının bu günü asla unutmayacağını biliyordu. Ayrılmak için **toparlanırlarken,** anne suyun kenarında garip bir **şey** fark etti. İlk balığın yanında yerde yatan başka bir balık varmış gibi görünüyordu. Daha yakından bakmak için yanına gitti ve bu balığın hala canlı olduğunu fark etti! Hemen **kocasını** çağırdı ve ikisi de balığın pullarına su döküp hafifçe **ovalayarak** onu **canlandırmaya** çalışmaya başladılar.

spelletjes te spelen en gewoon te ontspannen in elkaars gezelschap. **Plotseling** hoorden ze een luide plons die van de andere kant van het meer kwam. Ze draaiden zich om en zagen een grote vis uit het water en op de oever springen! Hij zwaaide in het rond in een poging terug te keren naar de veiligheid van zijn huis. Maar het was te laat: de vis was **al** op het droge en snakte naar lucht. De vader rende erheen om te helpen, terwijl zijn vrouw hun fototoestel pakte zodat ze foto's kon maken van deze zeldzame gebeurtenis. Hun kinderen stonden erbij en keken vol ontzag toe hoe dit **verbazingwekkende** schepsel voor hun ogen vocht voor zijn leven. Op dat moment beseften ze hoeveel geluk ze hadden dat ze samen als gezin zoiets bijzonders konden **meemaken**. Na een paar minuten stopte de vis met **bewegen**, en het was duidelijk dat hij dood was.

De vader voelde zich verdrietig, maar ook dankbaar dat hij zo'n zeldzame gebeurtenis mocht meemaken. Hij wist dat zijn kinderen deze dag nooit zouden vergeten. Toen ze aan het **inpakken waren** om te vertrekken, merkte de moeder **iets** vreemds op aan de rand van het water. Het leek alsof er nog een vis op de grond lag, naast de eerste. Ze liep erheen om beter te kijken en besefte dat deze vis nog leefde! Zij riep snel haar **man** en beiden begonnen te proberen het **dier** te reanimeren door water op de schubben te gieten en er zachtjes **over te wrijven**.

Anlama Soruları

1. Mersin nerede bulunuyordu?

2. Mersin'i özel kılan neydi?

3. Mersin'deki aileler hangi yıllık geleneğe katılırlardı?

4. Smith ailesi yıllık gelenekleri hakkında ne hissediyordu?

5. Aile, gölün diğer tarafından gelen yüksek sesli bir su sıçraması duyduğunda ne yaptı?

6. Ayrılmak için toparlanırken anne neyi fark etti?

7. Balığı kurtardıktan sonra babanın duyguları neydi?

8. Anne neden kocasını çağırdı?

9. Balığı nasıl canlandırdılar?

10. Canlandırıldıktan sonra balığa ne oldu?

Begrip vragen

1. Waar lag Mersin?

2. Wat maakte Mersin speciaal?

3. Aan welke jaarlijkse traditie deden de families in Mersin mee?

4. Wat vond de familie Smith van hun jaarlijkse traditie?

5. Wat deed de familie toen ze een luide plons van de andere kant van het meer hoorden?

6. Wat merkte de moeder op toen ze aan het inpakken waren om te vertrekken?

7. Wat waren de emoties van de vader na het redden van de vis?

8. Waarom riep de moeder om haar man?

9. Hoe hebben ze de vis weer tot leven gebracht?

10. Wat gebeurde er met de vis nadat hij weer tot leven was gewekt?

Trabzon

Trabzon şehri Türkiye'nin kuzeydoğu kesiminde yer almaktadır. Zengin bir tarihe sahip **güzel** bir yerdir. Şehir 2.000 yılı aşkın bir süredir iskân edilmiş ve birçok **farklı** medeniyet tarafından yönetilmiştir. Bugün Trabzon, 1 milyondan fazla nüfusa sahip modern bir şehirdir. Bununla birlikte, eski dünya cazibesini hala korumaktadır. Trabzon'daki en popüler turistik yerlerden biri **Sümela** Manastırı'dır. Bu manastır bir dağın yamacına inşa edilmiştir ve sadece dik bir patikada yürüyüş yapılarak ulaşılabilmektedir. **Manastırın** manzarası nefes kesicidir ve oraya ulaşmak için harcanan çabaya değer!

Trabzon'da görülmesi gereken bir diğer yer de Atatürk Köşkü'dür. Bu köşk bir zamanlar modern Türkiye'nin kurucusu Mustafa Kemal Atatürk'e ev sahipliği yapmıştır. **Ziyaretçiler Atatürk'ün** yaşadığı odaları gezebilir ve Türkiye'nin cumhurbaşkanı olduğu dönemde nasıl yaşadığını görebilirler. Dinlenmek ve açık havanın tadını çıkarmak için bir yer arıyorsanız, Trabzon mükemmel bir **yerdir**. Şehir genelinde çok sayıda park ve bahçe bulunmaktadır. En popüler parklardan biri, Roma tarzı bir amfitiyatroya sahip olan Forum Tarihi'dir. Bu park aynı zamanda birkaç restoran ve kafeye ev sahipliği yaparak öğleden sonrayı

Trabzon

De stad Trabzon ligt in het noordoostelijke deel van Turkije. Het is een **prachtige** plaats met een rijke geschiedenis. De stad wordt al meer dan 2000 jaar bewoond en is geregeerd door veel **verschillende** beschavingen. Vandaag de dag is Trabzon een moderne stad met een bevolking van meer dan 1 miljoen mensen. Toch heeft de stad haar charme van weleer behouden. Een van de populairste toeristische attracties in Trabzon is het Sumela-klooster. Dit klooster is gebouwd in de zijkant van een berg en kan alleen worden bereikt door een steil pad omhoog te lopen. Het uitzicht vanaf het **klooster** is adembenemend en zeker de moeite waard om er te komen!

Een andere bezienswaardigheid die u niet mag missen in Trabzon is het herenhuis van Ataturk. Dit herenhuis was ooit het thuis van Mustafa Kemal Ataturk, de stichter van het moderne Turkije. **Bezoekers** kunnen de kamers bezichtigen waar Ataturk woonde en zien hoe hij leefde in zijn tijd als president van Turkije. Als u op zoek bent naar een plek om te ontspannen en te genieten van het buitenleven, is Trabzon de perfecte **bestemming**. Er zijn vele parken en tuinen verspreid over de stad. Een van de populairste parken is Forum Tarihi, met een amfitheater in Romeinse stijl. In dit park

geçirmek için mükemmel bir yerdir. Trabzon lezzetli yemekleriyle de bilinir. Şehirde hem yerel hem de **uluslararası** yemekler sunan çok **çeşitli** restoranlar bulunmaktadır. Kebap, pide ve baklava gibi geleneksel Türk yemeklerinden bazılarını mutlaka deneyin.

Trabzon'a yapılacak hiçbir ziyaret, **doğada** bir gezintiye çıkmadan tamamlanmış sayılmaz. Trabzon'u çevreleyen bölge güzel **dağlar,** ormanlar ve nehirlerle doludur. Bu bölgede manzaranın muhteşem manzaralarını sunan birçok yürüyüş parkuru bulunmaktadır. Eğer **maceraperest** hissediyorsanız, yakındaki nehirlerden birinde beyaz su raftingi bile yapabilirsiniz! İster tarihle, ister yemekle, ister doğayla ilgilenin, Trabzon'da herkes için bir şeyler vardır. Bu şehir **kaçırılmaması** gereken gerçekten eşsiz bir yer! Trabzon seyahatinizi planlarken Sümela Manastırı Oteli'nde bir oda ayırtmayı unutmayın. Bu otel **manastırın** hemen yanında yer almaktadır ve şehrin muhteşem manzarasını sunmaktadır. Odalar konforludur ve personel çok cana yakındır. Burada kalmaktan kesinlikle keyif alacaksınız! Unutulmaz bir deneyim arıyorsanız, Trabzon'dan başka bir yere bakmanıza gerek yok. Bu şehirde herkes için bir şeyler vardır ve tatilinizi unutulmaz bir hale getireceğinden emin olabilirsiniz.

bevinden zich ook verschillende restaurants en cafés, waardoor het de perfecte plek is om een middag door te brengen. Trabzon staat ook bekend om zijn heerlijke eten. De stad heeft een grote **verscheidenheid** aan restaurants die zowel lokale als **internationale** gerechten aanbieden. Probeer zeker enkele van de traditionele Turkse gerechten, zoals kebab, pide (een soort plat brood), en baklava (een zoet gebak).

Geen bezoek aan Trabzon zou compleet zijn zonder een uitstapje in de **natuur**. De regio rond Trabzon is gevuld met prachtige **bergen**, bossen en rivieren. Er zijn vele wandelpaden in dit gebied die een prachtig uitzicht op het landschap bieden. Als u **avontuurlijk bent ingesteld**, kunt u zelfs gaan wildwaterraften op een van de nabijgelegen rivieren! Of u nu geïnteresseerd bent in geschiedenis, eten of natuur, Trabzon heeft voor elk wat wils. Deze stad is echt een unieke plek die je niet mag **missen**! Wanneer u uw reis naar Trabzon plant, moet u zeker een kamer boeken in het Sumela Monastery Hotel. Dit hotel ligt direct naast het **klooster** en biedt een prachtig uitzicht over de stad. De kamers zijn comfortabel, en het personeel is erg vriendelijk. U zult zeker genieten van uw verblijf hier! Als u **op zoek** bent naar een onvergetelijke ervaring, kijk dan niet verder dan Trabzon. Deze stad heeft voor elk wat wils en zal uw vakantie zeker onvergetelijk maken.

Anlama Soruları

1. Metinde geçen şehrin adı nedir?

2. Şehir hangi ülkede yer almaktadır?

3. Şehrin nüfusu ne kadardır?

4. Şehirdeki en popüler turistik yerlerden biri nedir?

5. Roma tarzı bir amfi tiyatronun bulunduğu parkın adı nedir?

6. Manastırın yanında bulunan otelin adı nedir?

7. Modern Türkiye'nin kurucusunun adı nedir?

8. Kebaplardan yapılan geleneksel Türk yemeğinin adı nedir?

9. Trabzon'da popüler olan tatlı hamur işinin adı nedir?

10. Yakındaki nehirlerden birinde yapabileceğiniz etkinliğin adı nedir?

Begrip vragen

1. Wat is de naam van de stad in de tekst?

2. In welk land ligt de stad?

3. Wat is de bevolking van de stad?

4. Wat is een van de meest populaire toeristische attracties in de stad?

5. Wat is de naam van het park met het amfitheater in Romeinse stijl?

6. Wat is de naam van het hotel dat naast het klooster ligt?

7. Wat is de naam van de stichter van het moderne Turkije?

8. Wat is de naam van het traditionele Turkse gerecht dat gemaakt wordt van kebab?

9. Wat is de naam van het zoete gebak dat populair is in Trabzon?

10. Wat is de naam van de activiteit die je op een van de rivieren in de buurt kunt doen?

Türkiye'nin Kalbi

Türkiye'nin Kalbi ormanın derinliklerinde özel bir yerdi. Eğer kalbi bulursanız, size bir dilek hakkı verileceği söylenirdi. Ama şimdiye kadar hiç kimse onu bulamamıştı... ta ki şimdiye kadar. 10 yaşındaki Lily ve ailesi Türkiye'de **tatildeydi. Ormanı** keşfederken, bir ağaç gövdesine gömülü garip bir taş kalbe rastladı. Onu üç kez ovaladı ve bir dilek tuttu: yıllardır görmediği büyükanne ve **büyükbabasını** tekrar görmek. Birdenbire yer sallanmaya başladı ve ağaç gittikçe uzamaya başladı, ta ki Lily ayaklarından havaya kalkana kadar! Sonunda hareket etmeyi **bıraktığında,** kendini tanıdık yüzlerle çevrili **güzel bir** bahçenin içinde buldu - büyükanne ve büyükbabası!

Ona sıkıca sarıldılar ve onu ne kadar çok sevdiklerini söyledikten sonra Türkiye'nin kalbinin parıldayan ışıkları arasından evine geri götürdüler. Lily'nin dileği gerçekleşmişti! **Büyükanne ve büyükbabasını** tekrar görebildiği ve onlarla vakit geçirebildiği için çok mutluydu. Ama bunun hayatta bir kez eline geçecek bir fırsat olduğunu da biliyordu ve bunu en iyi şekilde değerlendirmek **istiyordu.** Lily her gün büyükanne ve büyükbabasıyla birlikte bahçeyi keşfediyordu. Çiçek topluyor, kelebekleri kovalıyor ve hatta birlikte ağaçlara tırmanıyorlardı. Bu Lily'nin asla unutamayacağı

Het hart van Turkije

Het Hart van Turkije was een speciale plaats, diep in het woud. Er werd gezegd dat als je het hart vond, je een wens zou krijgen. Maar niemand was ooit in staat geweest om het te vinden... tot nu. De 10-jarige Lily en haar familie waren op **vakantie** in Turkije. Terwijl ze het **bos verkende, stuitte** ze op een vreemd stenen hart dat in een boomstam was ingebed. Ze wreef er drie keer over en deed haar wens: haar **grootouders** weer te zien, die ze in jaren niet had gezien. Plotseling begon de grond te schudden en de boom werd hoger en hoger, totdat Lily van haar voeten werd opgetild in de lucht! Toen ze eindelijk **ophield met** bewegen, bevond ze zich in een **prachtige** tuin, omringd door bekende gezichten - haar grootouders!

Ze omhelsden haar stevig en vertelden haar hoeveel ze van haar hielden voordat ze haar terug naar huis leidden door de twinkelende lichtjes van het hart van Turkije. Lily's wens was uitgekomen! Ze was zo blij dat ze haar **grootouders** weer kon zien en tijd met hen kon doorbrengen. Maar ze wist ook dat dit een unieke kans was, en ze **wilde** er het beste van maken. Elke dag verkende Lily de tuin met haar grootouders. Ze plukten bloemen, achtervolgden vlinders en klommen zelfs samen in bomen. Het was de beste vakantie ooit,

en güzel tatildi. Sonunda Lily'nin büyükanne ve büyükbabasına **veda edip** eve dönme zamanı geldi. Ayrıldığı için üzgündü ama onların her zaman kalbinde olacağını biliyordu. Ve yakında tekrar gelip onları ziyaret edeceğine söz verdi. **Türkiye'nin** Kalbi Lily'ye en güzel hediyeyi vermişti - sevdikleriyle bir kez daha vakit geçirme şansı. Bunun için ve ömür boyu sürecek mutlu **anıları için minnettardı.**

Lily'nin hikayesi hızla tüm Türkiye'ye yayıldı ve kısa sürede herkes Türkiye'nin Kalbi ve onun **sihirli** güçleri hakkında konuşmaya başladı. Dünyanın dört bir yanından insanlar kendi dileklerini gerçekleştirme umuduyla ziyarete geliyordu. Kalp pek çok insana mutluluk getirmişti ve bunların hepsi Lily sayesinde olmuştu. O, dünyanın en özel yerini bulmuş ve büyüsünü herkesle paylaşmıştı. **Türkiye'nin** kalbi Lily için her zaman özel bir yer olacak. Orada bir dilek tuttu ve bu dilek en **muhteşem** şekilde gerçekleşti. Lily, büyükanne ve büyükbabasıyla geçirdiği zamanı her düşündüğünde hissettiği ve hissetmeye devam ettiği **mutluluğu** asla unutmayacak. Lily'nin hikayesi gelecek **nesiller** boyunca anlatılacak bir hikaye. Dileklerin gerçekleşebileceğini ve sevginin gücünün dünyadaki her şeyden daha güçlü olduğunu hatırlatıyor.

een die Lily nooit zou vergeten. Uiteindelijk werd het tijd voor Lily om **afscheid** te nemen van haar grootouders en terug te keren naar huis. Ze was verdrietig om weg te gaan, maar ze wist dat ze altijd in haar hart zouden zijn. En ze beloofde terug te komen en hen spoedig weer te bezoeken. Het Hart van **Turkije** had Lily het mooiste geschenk van allemaal gegeven - de kans om nog eens tijd met haar dierbaren door te brengen. Daar was ze **dankbaar** voor, en voor de mooie **herinneringen** die een leven lang zouden meegaan.

Lily's verhaal verspreidde zich snel over heel Turkije, en al snel had iedereen het over het Hart van Turkije en zijn **magische** krachten. Mensen van over de hele wereld kwamen op bezoek, in de hoop hun eigen wensen in vervulling te laten gaan. Het Hart had zoveel mensen geluk gebracht, en dat was allemaal te danken aan Lily. Ze had de meest speciale plek ter wereld gevonden en deelde de magie ervan met iedereen. Het hart van **Turkije** zal altijd een speciale plek voor Lily zijn. Het was daar dat ze haar wens deed, en die kwam uit op de meest **verbazingwekkende** manier. Ze zal nooit het geluk vergeten dat ze voelde - en nog steeds voelt - als ze denkt aan de tijd die ze doorbracht in het **gezelschap** van haar grootouders. Lily's verhaal is er een dat nog **generaties lang** verteld zal worden. Het herinnert ons eraan dat wensen in vervulling kunnen gaan en dat de kracht van liefde sterker is dan al het andere in de wereld.

Anlama Soruları

1. Lily'nin dileği neydi?

2. Lily'nin dileği nasıl gerçekleşti?

3. Lily her gün büyükanne ve büyükbabasıyla ne yapıyordu?

4. Lily'nin hikayesi neden tüm Türkiye'de hızla yayıldı?

5. Lily'nin hikayesinden bir hatırlatma nedir?

6. Türkiye'nin Kalbi nerede bulunuyordu?

7. Türkiye'nin Kalbi'ni bulsaydınız ne olurdu?

8. Türkiye'nin Kalbi'ni bulan ilk kişi kimdir?

9. Lily, Türkiye'nin Kalbi'ni bulduğunda kaç yaşındaydı?

10. Lily için en özel yer neresiydi?

Begrip vragen

1. Wat was Lily's wens?

2. Hoe is Lily's wens uitgekomen?

3. Wat deed Lily elke dag met haar grootouders?

4. Waarom werd Lily's verhaal zo snel verspreid in Turkije?

5. Wat is een herinnering uit Lily's verhaal?

6. Waar bevond zich het Hart van Turkije?

7. Wat zou er gebeuren als je het Hart van Turkije zou vinden?

8. Wie was de eerste persoon die het Hart van Turkije vond?

9. Hoe oud was Lily toen ze het Hart van Turkije vond?

10. Wat was de meest speciale plek voor Lily?

Türk Lokumları

Türk Lokumunu ilk kez İstanbul'da sıcak bir yaz gününde yemiştim. Sıcaklık o kadar **yoğundu ki** hava pekmezden yapılmış gibi hissediliyordu. O lezzetli görünen şekerlerden elime bir tane geçirebilseydim, dünya biraz daha serin olurdu diye düşündüğümü hatırlıyorum. Dükkâna girdim ve onları hemen fark ettim: güneş ışığında **parıldayan** sıra sıra rengârenk şekerler. Ne seçeceğimi bilemedim, bu yüzden tezgahın arkasındaki kadına tavsiyesini sordum. Gülümsedi ve bana bir kutu gül aromalı lokum uzattı. Bir ısırık alır almaz müptelası oldum. Şekerin **tatlılığı** gül kokusuyla **birleştiğinde** daha önce deneyimlediğim hiçbir şeye benzemiyordu. O zamandan beri lokumlar en sevdiğim ikramlardan biri oldu!

Turkish Delights ile İstanbul'da yaşadığım dönemde tanıştım. Türkiye'den bir arkadaşım beni ziyarete geldiğinde her zaman bir kutu getirirdi. İlk başta ne yapacağımdan emin değildim. Çok garip görünüyorlardı, içinde fındık ve baharatlar olan küçük jöle küpleri gibi. Ama bir kez tadına bakınca, müptelası oldum. Tatlı ve **tuzlu** tatların birleşimi daha önce yediğim hiçbir şeye benzemiyordu. Ve dokusu! Tarif etmesi zor ama şimdiye kadar **deneyimlediğim** hiçbir şeye benzemiyor. Lokum kesinlikle edinilmesi gereken bir tat, ancak bir

Turkse lekkernijen

De eerste keer dat ik Turkish Delight at was op een hete zomerdag in Istanbul. De hitte was zo **intens** dat de lucht aanvoelde alsof hij van stroop gemaakt was. Ik herinner me dat ik dacht dat als ik maar een paar van die heerlijk uitziende snoepjes te pakken kon krijgen, de wereld een beetje koeler zou zijn. Ik liep de winkel binnen en zag ze meteen liggen: rijen en rijen kleurige snoepjes, **glinsterend** in het zonlicht. Ik wist niet wat ik moest kiezen, dus vroeg ik de vrouw achter de toonbank om haar aanbeveling. Ze **glimlachte** en gaf me een doos Turkse lekkernijen met rozensmaak. Zodra ik een hap nam, was ik verkocht. De **zoetheid** van de snoepjes **in combinatie** met de geur van rozen was iets wat ik nog nooit eerder had ervaren. Sindsdien zijn de Turkish Delights een van mijn favoriete lekkernijen!

Ik maakte kennis met Turkish Delights toen ik in Istanbul woonde. Een vriendin van mij, die uit Turkije komt, bracht me altijd een doos mee als ze op bezoek kwam. In het begin wist ik niet zeker wat ik ervan moest denken. Ze zagen er zo vreemd uit, als kleine blokjes gelei met noten en kruiden erin. Maar toen ik ze eenmaal geproefd had, was ik verkocht. De combinatie van zoete en **hartige** smaken was anders dan alles wat

kez edindiğinizde ömür boyu bağımlısı olacaksınız! Arkadaşlarım geldiğinde her zaman elimde bir ya da iki kutu bulundurmaya özen gösteririm. Her zaman yeni **bir şeyler** denemeyi severler ve Turkish Delights asla etkilemekte başarısız olmaz. Eğer siz de damak tadınıza hitap edecek eşsiz bir lezzet arıyorsanız, Turkish Delights'tan başkasına bakmayın! Yakın zamanda yeni bir Türk Lokumu çeşidiyle tanıştım: portakal çiçeği. İlk başta şüpheyle yaklaştım. Yani, gül aromalı lokumların **mükemmelliği** nasıl daha iyi olabilirdi ki? Ama oğlum, yanılmışım! Portakal çiçeği çeşidi orijinalinden bile daha **lezzetli.** Daha önce bağımlısı olduğunuzu düşünüyorsanız, bu yeni lezzeti deneyene kadar bekleyin! Eğer gerçekten eşsiz ve egzotik bir lezzet arıyorsanız, Turkish Delights'tan başkasına bakmayın.

Tatlı ve tuzlu lezzetleri, kışkırtıcı dokuları ve **güzel** renkleriyle duyularınızı tatmin edecek ve daha fazlasını istemenize neden olacaklardır. Geçen gün marketteyken lokum satan bir **kadın** gördüm. Bir süredir yememiştim, bu yüzden biraz almaya karar verdim. Gül aromalı olanlardan istediğimde kadın bana garip bir bakış attı ama yine de bana bir kutu uzattı.

ik ooit eerder had gehad. En de textuur! Het is moeilijk te beschrijven, maar ik heb nog nooit zoiets anders **geproefd**. Turkish Delights is zeker een verworven smaak, maar als je het eenmaal hebt, ben je voor het leven verslaafd! Ik zorg er altijd voor dat ik een doos of twee bij de hand heb wanneer vrienden langskomen. Ze vinden het altijd leuk om **iets nieuws** te proberen, en Turkish Delights maken altijd indruk. Als je op zoek bent naar een unieke traktatie die je smaakpapillen zal prikkelen, kijk dan niet verder dan Turkish Delights! Onlangs maakte ik kennis met een nieuwe smaak van Turkish Delight: oranjebloesem. In het begin was ik sceptisch. Ik bedoel, hoe kan **iets** beter zijn dan de **perfectie** van Turkish Delights met rozensmaak? Maar wat had ik het mis! De oranjebloesem variant is nog **lekkerder** dan het origineel. Als je dacht dat je al verslaafd was, wacht dan maar tot je deze nieuwe smaak probeert! Als je op zoek bent naar een echt unieke en exotische traktatie, kijk dan niet verder dan Turkish Delights.

Met hun zoete en hartige smaken, verleidelijke texturen en **prachtige** kleuren, zijn ze er zeker van om je zintuigen te strelen en je naar meer te laten verlangen. Ik was laatst op de markt toen ik een **vrouw zag** die Turkse lekkernijen verkocht. Ik had ze al een tijdje niet meer gehad, dus besloot ik er een paar te kopen. De vrouw keek me vreemd aan toen ik om die met rozensmaak vroeg, maar ze gaf me toch een doosje.

Anlama Soruları

1. Yazar İstanbul'un havası hakkında ne diyor?

2. Yazar bir lokum dükkanına ilk ziyaretinde ne satın almıştır?

3. Yazar lokumların dokusu hakkında ne söylüyor?

4. Yazarın en sevdiği Türk Lokumu çeşidi nedir?

5. Yazarın portakal çiçeği aromalı lokumlara ilk tepkisi ne oldu?

6. Yazar, Türk Lokumları hakkında bağımlılık yapan şeyin ne olduğunu söylüyor?

7. Yazar, Türk Lokumu arayanlara ne tavsiye ediyor?

8. Yazar, pazarcı kadının gül aromalı lokum isteğine verdiği tepki hakkında ne söylüyor?

9. Yazar eve gidip lokum kutusunu açtığında neye şaşırdı?

10. Yazar en sevdiği şekerin ne olduğunu söylüyor?

Begrip vragen

1. Wat zegt de auteur over de lucht in Istanbul?

2. Wat kocht de schrijver bij zijn eerste bezoek aan een Turkish Delight winkel?

3. Wat zegt de auteur over de textuur van Turkish Delights?

4. Wat is de favoriete smaak van Turkse lekkernijen?

5. Wat was de eerste reactie van de auteur op de Turkse lekkernijen met sinaasappelbloesemsmaak?

6. Wat is er volgens de auteur verslavend aan Turkish Delights?

7. Wat raadt de auteur Turkish Delights aan aan mensen die op zoek zijn naar?

8. Wat zegt de auteur over de reactie van de marktvrouw op zijn verzoek om Turkse lekkernijen met rozensmaak?

9. Toen de schrijver thuiskwam en de doos met Turkse lekkernijen opende, wat verbaasde hem toen hij die aantrof?

10. Wat zegt de auteur dat zijn favoriete snoep is?

Türkiye'de Bir Amerikalı

Türkiye'ye ilk kez geliyordum ve ülkeyi keşfedeceğim için heyecanlıydım. Türkiye'nin kültürü ve tarihi her zaman **ilgimi çekmişti** ve şimdi nihayet bunu ilk elden deneyimleyebilecektim. Ailem ve ben İstanbul'a vardık ve şehrin güzelliğine **hemen** vurulduk. İlk birkaç günümüzü çarpıcı mimarisinden **lezzetli** yemeklerine kadar İstanbul'un sunduğu her şeyi keşfederek geçirdik. Türkiye'deki üçüncü günümüzde İstanbul'un dışına çıkmaya ve **ülkenin** diğer bölgelerini keşfetmeye karar verdik. Bir araba kiraladık ve sahilde dinlenerek birkaç gün geçirdiğimiz Antalya'ya gittik. Hava mükemmeldi ve orada geçirdiğimiz her dakikanın **tadını çıkardık.** Antalya'da birkaç gün geçirdikten sonra İstanbul'a doğru geri dönmeye başladık.

Yol boyunca Efes ve Truva da **dahil olmak üzere** birkaç **farklı** tarihi yerde durduk. Daha önce sadece okumuş olduğum bu yerleri görmek inanılmazdı; sanki yaşayan tarih kitapları canlanmış gibiydi. Gezimiz çok erken sona erdi, ancak Türkiye'den ömür boyu sürecek harika anılarla (ve bolca fotoğrafla) ayrıldık. Sonunda Türkiye'yi ziyaret edebildiğim için çok heyecanlıydım. **Türk** kültürü ve tarihi her zaman ilgimi çekmişti ve

Een Amerikaan in Turkije

Het was mijn eerste keer in Turkije en ik was opgewonden om het land te verkennen. Ik was altijd al **geïnteresseerd** geweest in de cultuur en geschiedenis van Turkije, en nu zou ik het eindelijk uit de eerste hand kunnen ervaren. Mijn familie en ik kwamen aan in Istanbul en werden **meteen** getroffen door de schoonheid van de stad. We brachten onze eerste dagen door met het verkennen van alles wat Istanbul te bieden had, van de prachtige architectuur tot het **heerlijke** eten. Op onze derde dag in Turkije, besloten we om ons buiten Istanbul te wagen en enkele andere delen van het **land te verkennen**. We huurden een auto en reden naar Antalya, waar we een paar dagen op het strand doorbrachten. Het weer was perfect en we **genoten van** elke minuut van onze tijd daar. Na een paar dagen in Antalya, begonnen we onze weg terug naar Istanbul.

Onderweg stopten we bij **verschillende** historische plaatsen, **waaronder** Efeze en Troje. Het was ongelooflijk om deze plaatsen te zien waarover ik alleen maar gelezen had; ze voelden aan als levende geschiedenisboeken die tot leven kwamen. Onze reis

şimdi bunu ilk elden deneyimleyebilecektim. Ailem ve ben İstanbul'a vardık ve şehrin güzelliğine **hemen** vuruldukİlk birkaç günümüzü **çarpıcı** mimarisinden lezzetli yemeklerine kadar İstanbul'un sunduğu her şeyi keşfederek geçirdik. Türkiye'deki üçüncü günümüzde İstanbul'un dışına çıkmaya ve ülkenin diğer bölgelerini keşfetmeye karar verdik. Bir araba kiraladık ve birkaç günümüzü dinlenerek geçirdiğimiz Antalya'ya gittik. Hava mükemmeldi ve orada geçirdiğimiz her dakikanın tadını çıkardık. Antalya'da birkaç gün geçirdikten sonra İstanbul'a doğru geri dönmeye başladık. Yol boyunca Efes ve Truva da dahil olmak üzere birkaç farklı **tarihi yerde** durduk. Daha önce sadece okumuş olduğum bu yerleri görmek inanılmazdı; yaşayan tarih kitaplarının hayata geçmesi gibi hissettim.

was al te snel voorbij, maar we verlieten Turkije met prachtige herinneringen (en veel foto's) die ons een leven lang zullen bijblijven. Ik was zo opgewonden dat ik eindelijk Turkije kon bezoeken. Ik was altijd al geïnteresseerd in de **Turkse** cultuur en geschiedenis, en nu zou ik het uit de eerste hand kunnen ervaren. Mijn familie en ik kwamen aan in Istanbul en werden **meteen** getroffen door de schoonheid van de stad. We brachten onze eerste dagen door met het verkennen van alles wat Istanbul te bieden had, van de **prachtige** architectuur tot het heerlijke eten. Op onze derde dag in Turkije, besloten we om ons buiten Istanbul te wagen en enkele andere delen van het land te verkennen. We huurden een auto en reden naar Antalya, waar we een paar dagen ontspanden. Het weer was perfect en we genoten van elke minuut van onze tijd daar. Na een paar dagen in Antalya, begonnen we onze weg terug naar Istanbul. Onderweg stopten we bij verschillende **historische** plaatsen, waaronder Efeze en Troje. Het was ongelooflijk om deze plaatsen te zien waarover ik alleen maar gelezen had; ze voelden aan als levende geschiedenisboeken die tot leven kwamen.

Anlama Soruları

1. Yazarın İstanbul hakkındaki ilk izlenimi neydi?

2. Yazar Türkiye'deki üçüncü gününde ne yapmıştır?

3. Yazar Antalya'dan sonra nereye gitti?

4. Efes'i görünce yazarın tepkisi ne oldu?

5. Yazarın Türkiye'deki son gününde son durağı neresiydi?

6. Yazar neden seyahatlerini her zaman hatırlayacak?

7. Yazarın Türkiye'deki son gün için hedefi neydi?

8. Yazar Troya hakkında ne düşünüyor?

9. İstanbul'da şehrin ışıklarını canlandıran neydi?

10. Antalya'da hava nasıldı?

Begrip vragen

1. Wat was de eerste indruk van de auteur van Istanbul?

2. Wat deed de schrijver op de derde dag in Turkije?

3. Waar ging de schrijver heen na Antalya?

4. Wat was de reactie van de schrijver bij het zien van Efeze?

5. Wat was de laatste halte van de schrijver op de laatste dag in Turkije?

6. Waarom zal de auteur hun reis altijd blijven koesteren?

7. Wat was het doel van de schrijver voor de laatste dag in Turkije?

8. Wat vond de schrijver van Troje?

9. Waardoor kwamen de stadslichten in Istanbul tot leven?

10. Hoe was het weer in Antalya?

Kapadokya'nın Harikaları

Güneş ufukta batıyordu ve ışığın son huzmeleri Kapadokya **antik** kentinin üzerinde parlıyordu. Şehir, uçsuz bucaksız bir çölün ortasında yüksek bir plato üzerine kurulmuştu. **Yüzyıllar** boyunca savaştan ya da zulümden kaçan insanların sığındığı bir yer olmuş. Şimdi ise bir turizm **merkezi** ve insanlar dünyanın dört bir yanından eşsiz manzarasını görmeye geliyor. Şehir, dev eller tarafından oyulmuş gibi görünen garip kaya oluşumlarıyla doluydu. Hatta bazıları **oyulmuş** ve ev ya da kilise olarak kullanılmış. Ayrıca ilk yerleşimciler tarafından düşman saldırılarından kaçmak için kazılmış yeraltı şehirleri de vardı. Şehrin dört bir yanında gökyüzünde süzülen sıcak hava **balonları** ziyaretçilere bu muhteşem yeri kuşbakışı izleme imkânı veriyordu. Gece çöktüğünde, balonlardan gelen ışıklar tüm şehri **aydınlatarak bir** peri masalından çıkmış gibi görünmesini sağlıyordu.

Gece çökerken balonların ışıkları tüm şehri aydınlattı ve şehri bir peri masalından çıkmış gibi gösterdi. Sokaklar boştu ve havada bir huzur hissi vardı. **Birden büyük** bir gürültü koptu ve yer sallanmaya başladı. Yerde oluşan devasa çatlakları gören insanlar panik

Wonderen van Cappadocië

De zon ging onder aan de horizon, en de laatste stralen lichtten op de **oude** stad Cappadocië. De stad is gebouwd op een hoog plateau in het midden van een uitgestrekte woestijn. **Eeuwenlang is** het een toevluchtsoord geweest voor mensen die op de vlucht waren voor oorlog of vervolging. Nu is het een toeristische **bestemming**, en mensen komen van over de hele wereld om het unieke landschap te zien. De stad was bezaaid met vreemde rotsformaties die eruit zagen alsof ze door reuzenhanden waren uitgehouwen. Sommige waren zelfs **uitgehold** en werden gebruikt als huizen of kerken. Er waren ook ondergrondse steden die door de eerste kolonisten waren uitgegraven om aan vijandelijke aanvallen te ontsnappen. Overal in de stad zweefden **heteluchtballonnen in de** lucht, die de bezoekers een prachtig uitzicht in vogelperspectief boden op deze verbazingwekkende plek. Bij het vallen van de avond **verlichtten** de ballonlichten de hele stad, waardoor het leek op iets uit een sprookje.

Toen de avond viel, verlichtten de lichtjes van de ballonnen de hele stad, waardoor het leek op iets uit een sprookje. De straten waren leeg en er hing

içinde evlerinden dışarı koşmaya başladılar. Bazıları toprak tarafından yutuldu, diğerleri ise düşen kayalar tarafından ezildi. Şehir bir depremle yerle bir oluyordu ama mucizevi bir şekilde hiçbir insan yaralanmamıştı. Hepsi orada durmuş, evlerinin ve **geçim kaynaklarının** gözlerinin önünde parçalanışını izliyordu. Şafak sökerken, hayatta kalanlar hasarı değerlendirmeye başladı. Binaların çoğu yıkılmıştı ama neyse ki can kaybı yaşanmamıştı. Gidecek başka yerleri olmadığı için evlerini ve işyerlerini yeniden inşa etmeye karar verdiler. Bu uzun bir süreç olacaktı ama **Kapadokya'yı** yeniden kalkındırmaya **kararlıydılar.** Ve böylece, sıkı çalışma ve kararlılıkla, şehir yavaş yavaş küllerinden doğmaya başladı. Birkaç yıl sonra Kapadokya yeniden gelişen bir şehir oldu.

een gevoel van vrede in de lucht. **Plotseling klonk** er een hard geluid en begon de grond te schudden. Mensen kwamen in paniek uit hun huizen gerend toen ze enorme scheuren in de grond zagen verschijnen. Sommigen werden door de aarde verzwolgen, anderen werden verpletterd door vallend gesteente. De stad werd **verwoest** door een aardbeving, maar wonder boven wonder raakte geen van de mensen gewond. Ze stonden er allemaal bij en keken toe hoe hun huizen en **middelen van bestaan** voor hun ogen afbrokkelden. Toen de dageraad aanbrak, begonnen de overlevenden de schade op te nemen. De meeste gebouwen waren verwoest, maar gelukkig waren er geen levens verloren gegaan. Omdat ze **nergens** anders heen konden, besloten ze hun huizen en bedrijven weer op te bouwen. Het zou een lang proces worden, maar ze waren **vastbesloten** om **Cappadocië weer tot bloei** te brengen. En zo, met hard werken en vastberadenheid, begon de stad langzaam uit haar as te herrijzen. Een paar jaar later was Cappadocië weer een bloeiende stad.

Anlama Soruları

1. Kapadokya şehri neyin üzerine kurulmuştur?

2. Kapadokya tarih boyunca ne için kullanılmıştır?

3. İnsanlar Kapadokya'da neleri görmek için dünyanın dört bir yanından geliyor?

4. Kapadokya'nın benzersiz özelliklerinden bazıları nelerdir?

5. Kapadokya şehri geceleri nasıldır?

6. Deprem olduğunda Kapadokya'ya ne oldu?

7. Kapadokya halkı yıkıma nasıl tepki gösterdi?

8. Kapadokya halkı kentlerini yeniden inşa etmek için ne yaptı?

9. Patlamadan birkaç yıl sonra Kapadokya nasıl bir yerdi?

10. Kapadokya halkı şehirleriyle neden gurur duyuyor?

Begrip vragen

1. Waar is de stad Cappadocië op gebouwd?

2. Waarvoor werd Cappadocië in de loop van de geschiedenis gebruikt?

3. Wat komen mensen van over de hele wereld bekijken in Cappadocië?

4. Wat zijn enkele van de unieke kenmerken van Cappadocië?

5. Hoe ziet de stad Cappadocië er 's nachts uit?

6. Wat gebeurde er met Cappadocië toen er een aardbeving plaatsvond?

7. Hoe reageerde de bevolking van Cappadocië op de verwoesting?

8. Wat deden de inwoners van Cappadocië om hun stad te herbouwen?

9. Hoe zag Cappadocië er een paar jaar na de uitbarsting uit?

10. Waarom zijn de inwoners van Cappadocië trots op hun stad?

Efes

Efes bir zamanlar hayat ve faaliyet dolu, hareketli bir şehirdi. Ama şimdi hayalet bir şehir. Duyulabilen tek ses, **boş** sokaklarda esen rüzgâr. Sanki şehir zaman içinde **donmuş gibi.** Efes'e tam olarak ne olduğunu kimse bilmiyor. Bir gün öylece yok oldu. İnsanlar, binalar, her şey iz bırakmadan yok oldu. Bazıları kentin öfkeli bir tanrı tarafından lanetlendiğini, bazıları ise yeryüzü tarafından yutulduğunu söyler. **Her ne olduysa,** Efes artık bir anıdan başka bir şey değildir. Ancak kentin yok olmadığını söyleyenler de vardır. Onu rüyalarında ya da gözlerinin ucuyla gördüklerini **iddia** ediyorlar.

Kimse nerede olduğundan ya da oraya nasıl gidileceğinden emin olmasa da hâlâ hayat dolu bir şehir. Bazıları paralel bir dünya, bazıları ise başka bir boyut olduğunu söylüyor. Ancak Efes her ne ise, **insanlar** ona çekilmekten kendilerini alamıyorlar. Sonuçta, kayıp bir şehirden daha ilgi çekici ne olabilir? **Efes'e** ne olduğunu kimse kesin olarak bilmiyor. Ama bu insanları onu aramaktan alıkoymuyor. Belki bir gün birileri cevabı bulacak ve nihayet bu kayıp şehrin gizemini çözecektir. Sofia da Efes'e ilgi duyan insanlardan biriydi. Şehir ve gizemi onu her zaman büyülemişti. Bu yüzden şehri bulduklarını iddia eden bir grup insan olduğunu

Efeze

Efeze was ooit een bruisende stad, vol leven en activiteit. Maar nu is het een spookstad. Het enige geluid dat te horen is, is de wind die door de **lege** straten waait. Het is alsof de stad **bevroren is** in de tijd. Niemand weet precies wat er met Efeze is gebeurd. Op een dag was het gewoon verdwenen. De mensen, de gebouwen, alles was spoorloos verdwenen. Sommigen zeggen dat de stad vervloekt was door een boze god, en anderen zeggen dat ze door de aarde zelf is verzwolgen. **Wat** er **ook** gebeurd is, Efeze is nu niet meer dan een herinnering. Maar er zijn mensen die zeggen dat de stad niet verdwenen is. Zij **beweren** haar gezien te hebben, in hun dromen of in hun ooghoeken.

Een stad die nog steeds bruist van het leven, ook al weet niemand waar het is of hoe er te komen. Sommigen zeggen dat het een parallelle wereld is, anderen zeggen dat het een andere dimensie is. Maar wat Efeze ook is, **mensen** worden er onvermijdelijk door aangetrokken. Wat is er immers intrigerender dan een verloren stad? Niemand weet zeker wat er met **Efeze is** gebeurd. Maar dat weerhoudt de mensen er niet van er naar te zoeken. Misschien zal op een dag iemand het antwoord vinden en eindelijk het mysterie van deze verloren stad oplossen. Sofia was een van

duyduğunda onlara katılmakta **tereddüt etmedi.** Grup Simon adında bir adam tarafından yönetiliyordu.

Şehri rüyasında gördüğünü ve onu nasıl bulacağını bildiğini söyledi. Sofia ve diğerleri, kendilerini bu kayıp şehre götüreceğine güvenerek onu çöle kadar takip ettiler. Günlerce **yürüdükten** sonra, hiçliğin ortasında garip bir kapıya rastladılar. Simon bunun **Efes'in** girişi olduğunu söyledi. Herkes bir an tereddüt etti, bunu yapıp yapmamaları gerektiğinden emin değillerdi. Ama sonra Sofia öne çıktı ve kapıyı açtı. Sofia kapıdan içeri adımını atar atmaz bir şeylerin yolunda gitmediğini anladı. Diğerleri **tereddütle** onu takip etti ama diğer tarafta ne olduğunu gördüklerinde hepsi durdu. Boş bir arazinin önünde duruyorlardı. Orada kum ve kayalardan başka bir şey yoktu. Herhangi bir yaşam belirtisi de yoktu. Hepsi Simon'a bakmak için döndüler ama o sadece bilerek gülümsedi. "Size söylemiştim," dedi, "Efes yok oldu."

die mensen die tot Efeze werden aangetrokken. Zij was altijd al gefascineerd door de stad en haar mysterie. Dus toen zij hoorde over een groep mensen die beweerden de stad te hebben gevonden, **aarzelde** zij niet zich bij hen aan te sluiten. De groep werd geleid door een man genaamd Simon.

Hij zei dat hij de stad in zijn dromen had gezien en dat hij wist hoe ze te vinden. Sofia en de anderen volgden hem de woestijn in, erop vertrouwend dat hij hen naar deze verloren stad zou leiden. Na dagen **lopen** kwamen ze bij een vreemde deur in het midden van nergens. Simon zei dat dit de ingang van **Efeze was**. Iedereen aarzelde even, onzeker of ze hiermee door moesten gaan of niet. Maar toen **stapte** Sofia naar voren en opende de deur. Zodra Sofia door de deur stapte, wist ze dat er iets niet klopte. De anderen volgden haar **aarzelend**, maar ze stopten allemaal toen ze zagen wat er aan de andere kant was. Ze stonden voor een lege woestenij. Er was niets anders dan zand en rotsen. Geen teken van welk leven dan ook. Ze keken allemaal naar Simon, maar hij glimlachte alleen maar wetend. “Ik zei het je toch,” zei hij, “Efeze is verdwenen.”

Anlama Soruları

1. Metnin ana fikri nedir?

2. Efes’e ne oldu?

3. Sofia kimdi?

4. Sofia’nın katıldığı gruba kim liderlik etti?

5. Simun Efes hakkında ne söyledi?

6. Kapının diğer tarafında ne vardı?

7. Grup diğer tarafı gördüğünde nasıl tepki verdi?

8. Simun kendisine döndüklerinde ne dedi?

9. İnsanlar Efes hakkında ne diyor?

10. Kayıp şehrin gizemi nedir?

Begrip vragen

1. Wat is de hoofdgedachte van de tekst?

2. Wat gebeurde er met Efeze?

3. Wie was Sofia?

4. Wie leidde de groep waar Sofia zich bij aansloot?

5. Wat zei Simon over Efeze?

6. Wat was er aan de andere kant van de deur?

7. Hoe reageerde de groep toen ze de andere kant zagen?

8. Wat zei Simon toen zij zich tot hem wendden?

9. Wat zeggen de mensen over Efeze?

10. Wat is het mysterie van de verloren stad?

Pamukkale

Pamukkale'ye tam olarak ne **olduğunu** kimse bilmiyor. Bir gün herkes kalkıp gitti. Bazıları şehrin etrafında meydana gelen garip olaylardan korktuklarını söylüyor. Diğerleri ise daha kötü bir şeyin meydana geldiğini ve insanları uzaklaştıran şeyin evlerini ve **geçim kaynaklarını** da yok ettiğini iddia ediyor. Kimse kesin olarak bilmiyor, ancak **Pamukkale bugüne** kadar terk edilmiş durumda. Ancak Pamukkale'yi hâlâ sevgiyle hatırlayanlar ve eski görkemli günlerine dönmesini özleyenler var. Bu insanlardan biri de Hasan.

Pamukkale'de doğup büyümüş ve burası onun gerçekten evim dediği tek yer. Herkes gittiğinde Hasan geride kaldı. Ne kadar ürkütücü ve boş hale gelmiş olursa olsun, sevgili şehrini terk etmeyi reddetti. Hasan günlerini Pamukkale sokaklarında yürüyerek, eski **anılarını** yeniden yaşayarak geçiriyor. Her şey hala normalmiş, şehir sadece mola vermiş ve yakında tekrar eski yoğun haline dönecekmiş gibi **davranmayı** seviyor. Bir bakıma Hasan bir hayal dünyasında yaşamaktadır, ama bu gerçeklerle yüzleşmekten daha iyidir. Ancak bir gün, **terk edilmiş** binalardan birinden gelen garip sesler duyduğunda Hasan'ın pastoral balonu patlar. Sanki içeride **biri** ya da bir şey hareket ediyor gibidir. Pamukkale'de hâlâ yaşayan başka bir insan olabilir

Pamukkale

Niemand weet precies wat **er** met Pamukkale is **gebeurd**. Op een dag, stond iedereen gewoon op en vertrok. Sommigen zeggen dat ze werden afgeschrikt door vreemde gebeurtenissen rond de stad. Anderen beweren dat er iets onheilspellenders is gebeurd, en dat wat de mensen heeft verjaagd, ook hun huizen en **middelen van bestaan heeft verwoest**. Niemand weet het zeker, maar **Pamukkale** blijft tot op de dag van vandaag verlaten. Maar er zijn mensen die nog steeds met liefde terugdenken aan Pamukkale en verlangen naar de terugkeer naar vervlogen gloriedagen. Een van die mensen is Hasan.

Hij is geboren en getogen in Pamukkale, en het is de enige plaats die hij ooit echt thuis noemde. Toen iedereen vertrok, Hasan bleef achter. Hij weigerde zijn geliefde stad te verlaten, hoe griezelig en leeg het ook was geworden. Hasan brengt zijn dagen door wandelend door de straten van Pamukkale, oude **herinneringen** herlevend. Hij houdt ervan te **doen** alsof alles nog normaal is, dat de stad gewoon een pauze neemt en binnenkort weer zijn drukke zelf zal zijn. In zekere zin leeft Hasan in een droomwereld, maar het is beter dan de realiteit onder ogen te zien. Maar op een dag wordt Hasan's idyllische luchtbel doorprikt wanneer

mi? Ya da daha kötü bir şey olabilir mi? Meraklanan (ve biraz da korkan) Hasan, temkinli bir şekilde binaya yaklaşır. Kırık bir pencereden içeri bakar ve gördükleri onu **şok eder:** İçeride **koşuşturan** yaratıklar vardır! Küçük, tüylü ve uzun kuyruklu yaratıklar; fareler! Hayatında daha önce hiç bu kadar çok fare görmemiştir! Ve sadece bu binada değil, Pamukkale'nin **her yerinde** görünüyorlar! Onları buraya böyle toplu halde ne getirmiş olabilir?

Elbette her zaman burada değillerdi... değil mi? İçine huzursuz bir his yerleşirken, belki de -sadece belki de- yıllar önce **herkesi Pamukkale'd**en uzaklaştıran şeyin bu fareler olduğunu fark eder. Fareler Pamukkale'yi ele geçirmiştir. Hasan şehirde kalan tek insandır ve daha ne kadar dayanabileceğinden emin değildir. Kemirgenlerden saklanmak için elinden geleni yapıyor ama onlar her yerde gibi görünüyor. Tüm binaları ve evleri yok etmişler, geride molozdan başka bir şey bırakmamışlar. Ve Hasan, onu bulurlarsa onu da öldüreceklerini biliyor. Haftalardır derme çatma bir barınakta yaşıyor ve bulabildiği yiyeceklerle zar zor **hayatta kalmaya çalışıyor.**

hij vreemde geluiden hoort uit een van de **verlaten** gebouwen. Het klinkt alsof **er** iets of iemand binnen rondloopt. Zou er nog iemand in Pamukkale wonen? Of zou het iets meer sinister zijn? Nieuwsgierig (en een beetje bang), nadert Hasan voorzichtig het gebouw. Hij kijkt naar binnen door een gebroken raam, en wat hij ziet **schokt** hem: Er **scharrelen** wezens rond binnen! Ze zijn klein en harig met lange staarten - ratten! Hij heeft nog nooit van zijn leven zoveel ratten gezien! En ze lijken **overal** te zijn, niet alleen in dit ene gebouw, maar in heel Pamukkale! Wat kan hen hier zo massaal gebracht hebben?

Ze waren hier zeker niet altijd... toch? Terwijl een ongemakkelijk gevoel zich meester van hem maakt, realiseert hij zich dat misschien - heel misschien - deze ratten verantwoordelijk zijn voor het verdrijven van **iedereen** uit **Pamukkale** al die jaren geleden. De ratten hebben Pamukkale overgenomen. Hasan is de enige overgebleven mens in de stad, en hij is niet zeker hoe lang hij het nog kan volhouden. Hij doet zijn best om verborgen te blijven voor de knaagdieren, maar ze lijken overal te zijn. Ze hebben alle gebouwen en huizen vernietigd, en niets dan puin achtergelaten. En Hasan weet dat als ze hem vinden, ze hem ook zullen doden. Hij leeft nu al weken in een geïmproviseerde schuilplaats, nauwelijks **overlevend** op het voedsel dat hij kan bijeen scharrelen.

Anlama Soruları

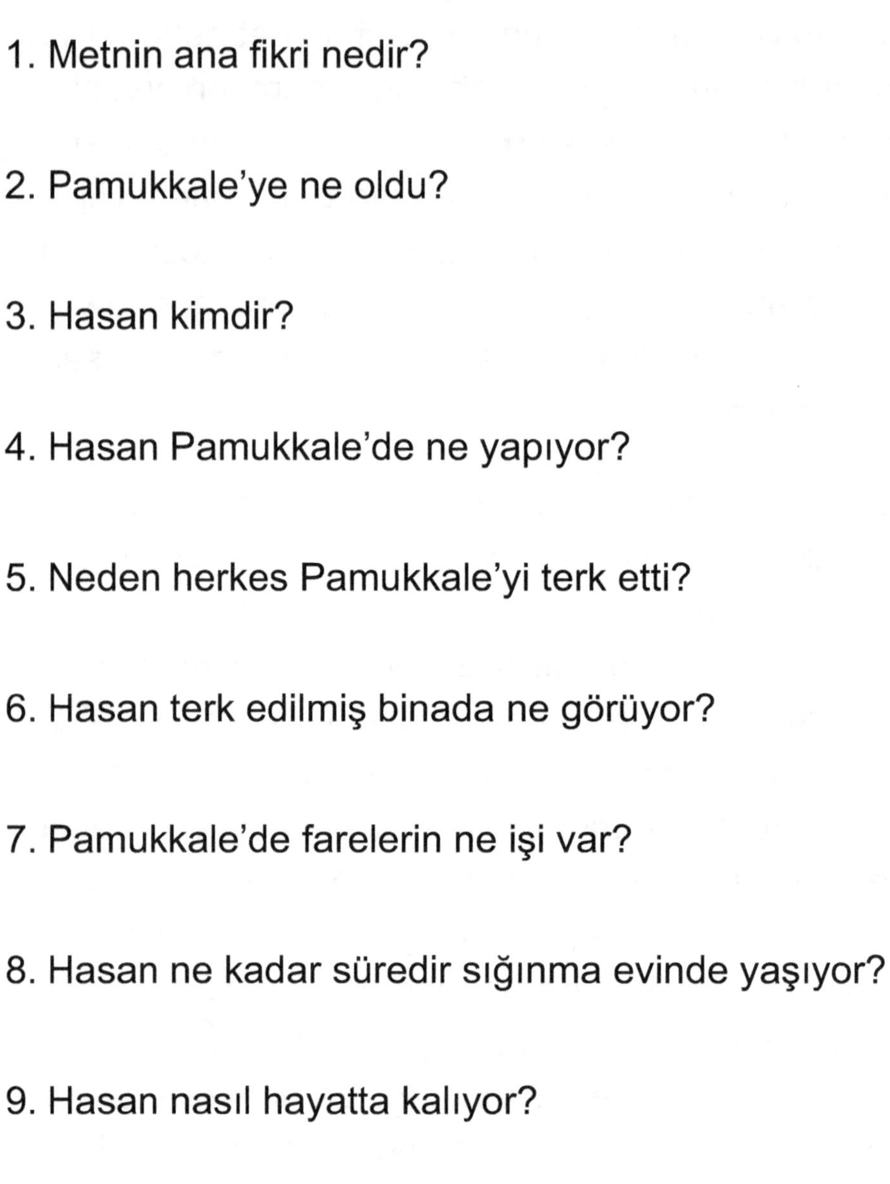

1. Metnin ana fikri nedir?

2. Pamukkale'ye ne oldu?

3. Hasan kimdir?

4. Hasan Pamukkale'de ne yapıyor?

5. Neden herkes Pamukkale'yi terk etti?

6. Hasan terk edilmiş binada ne görüyor?

7. Pamukkale'de farelerin ne işi var?

8. Hasan ne kadar süredir sığınma evinde yaşıyor?

9. Hasan nasıl hayatta kalıyor?

10. Fareler Hasan'ı bulursa ona ne olacak?

Begrip vragen

1. Wat is de hoofdgedachte van de tekst?

2. Wat is er met Pamukkale gebeurd?

3. Wie is Hasan?

4. Wat doet Hasan in Pamukkale?

5. Waarom heeft iedereen Pamukkale verlaten?

6. Wat ziet Hasan in het verlaten gebouw?

7. Wat doen de ratten in Pamukkale?

8. Hoe lang woont Hasan al in zijn schuilplaats?

9. Hoe overleeft Hasan het?

10. Wat zal er gebeuren met Hasan als de ratten hem vinden?

İzmir

İzmir bir zamanlar hayat ve enerji dolu, hareketli bir şehirdi. Ancak şimdi, eski halinin bir gölgesi. Sokaklar boş, dükkanlar tahtalarla kapatılmış ve duyulabilecek tek ses **terk edilmiş** binaların arasından ıslık çalarak geçen rüzgar. Sanki buradaki yaşam emilmiş gibi. Ama İzmir'i hâlâ evi olarak gören bir **kişi var:** Aysel adında genç bir **kadın.** Aysel İzmir'de doğmuş ve başka bir ev tanımamış. Şehir gerilemeye başladığında bile ayrılmayı reddetti. İzmir'in potansiyeli olduğunu biliyor; sadece buna inanacak birine ihtiyacı var. Ve o kişi olmaya kararlı. Günlerini sokaklarda dolaşarak, çöpleri temizleyerek ve şehirde kalan az sayıdaki insanla konuşarak **geçiriyor.** Onlara İzmir'in geleceğine dair planlarını anlatıyor: sokakların yeniden hayatla dolduğu, **iş yerlerinin** geliştiği ve insanların burayı evleri olarak görmekten gurur duyduğu bir gelecek. Aysel yavaş ama emin adımlarla İzmir'e yeni bir hayat getirmeye **başlıyor.** Ve bir gün, kentinin yeniden gelişeceğini biliyor.

Aysel her gün yaptığı gibi İzmir sokaklarında dolaşıyordu. Her ne kadar düşüşte olsa da şehrini seviyordu. Ama ondan vazgeçmeyi **reddediyordu**; İzmir'in **potansiyeli olduğunu** biliyordu. Ve şehre yeni bir hayat getirecek kişi olmaya kararlıydı. Aysel yürürken

Izmir

Izmir was ooit een bruisende stad, vol leven en energie. Maar nu is het een schaduw van zijn vroegere zelf. De straten zijn leeg, de winkels zijn dichtgetimmerd en het enige geluid dat je hoort is de wind die door de **verlaten** gebouwen waait. Het is alsof het leven uit deze plaats is gezogen. Maar er is één **persoon** die Izmir nog steeds zijn thuis noemt: een jonge **vrouw** genaamd Aysel. Aysel is geboren in Izmir, en ze heeft nooit een ander thuis gekend. Zelfs toen de stad achteruit begon te gaan, weigerde ze te vertrekken. Ze weet dat Izmir potentieel heeft; het heeft alleen iemand nodig die erin gelooft. En ze is vastbesloten om die persoon te zijn. Haar dagen brengt ze door met wandelen door de straten, het opruimen van afval en praten met de weinige mensen die nog in de stad zijn. Ze vertelt hen over haar plannen voor de toekomst van Izmir: een toekomst waarin de straten weer vol leven zijn, waarin **bedrijven** floreren en waarin de mensen trots zijn dat ze deze plek hun thuis noemen. Langzaam maar zeker **begint** Aysel nieuw leven in Izmir te brengen. En op een dag, weet ze, zal haar stad weer bloeien.

Aysel wandelde door de straten van Izmir, zoals ze elke dag deed. Ze hield van haar stad, ook al was ze in verval. Maar ze **weigerde** het op te geven; ze wist dat

garip bir şey fark etti: sokakta insanlar dolaşıyordu! Bu alışılmadık bir durumdu; normalde sokaklar boştu. İçlerinden birine yaklaştı ve neler olduğunu sordu. O kişi ona, birilerinin sokağın aşağısındaki **terk edilmiş** dükkânlardan birinde bedava yemek dağıttığı haberinin yayıldığını söyledi. Aysel onlara teşekkür etti ve gösterdikleri yöne doğru aceleyle ilerledi.

Dükkâna **vardığında** dışarıda uzun bir kuyruk oluştuğunu gördü. İlk başta bunun o kadar da iyi bir fikir olmadığını düşündü; herkese yetecek kadar yiyecek olmayacağı kesin miydi? Ama sonra **herkesin** ne kadar mutlu göründüğünü, bedava yemek için sıralarını beklerken birbirleriyle sohbet edip gülüştüklerini gördü. Şehrindeki yabancılar arasında böyle bir dostluk görmek içini ısıttı - uzun zamandır görülmemiş bir şeydi bu. Belki de İzmir'in ihtiyacı olan şey tam da budur, diye düşündü, insanların bir araya gelip birbirleriyle **bağlantı kurmaları** için daha fazla **fırsat.** Ücretsiz yemek dağıtımı büyük bir başarıydı ve İzmir şehrine yeni bir hayat getirdi. İnsanlar sokaklardaydı, birbirleriyle konuşuyor ve gülüyorlardı. **Atmosfer** elektrikliydi; havada bir umut duygusu vardı.

Izmir **potentieel** had. En zij was vastbesloten degene te zijn die de stad weer nieuw leven zou inblazen. Terwijl Aysel liep, viel haar iets vreemds op: er liepen mensen op straat rond! Dat was ongewoon, normaal waren de straten leeg. Ze ging naar een van hen toe en vroeg wat er **aan** de hand was. De persoon vertelde haar dat het gerucht de ronde had gedaan dat iemand gratis eten weggaf in een van de **verlaten** winkels verderop in de straat. Aysel bedankte hen en haastte zich in de richting die zij haar wezen.

Ze **kwam** aan bij de winkel en zag buiten al een lange rij staan. Eerst dacht ze dat dit misschien toch niet zo'n goed idee was; er zou toch niet genoeg eten zijn voor iedereen? Maar toen zag ze hoe gelukkig **iedereen** keek, kletsend en lachend met elkaar terwijl ze op hun beurt wachtten voor wat gratis eten. Het verwarmde haar hart om zo'n kameraadschap tussen vreemden in haar stad te zien - iets wat al lang niet meer was voorgekomen. Misschien is dit precies wat Izmir nodig heeft, dacht ze, meer **gelegenheden** voor mensen om samen te komen en met elkaar in contact te komen. De gratis voedselverstrekking was een groot succes en bracht nieuw leven in de stad Izmir. Mensen waren op straat, praatten en lachten met elkaar. De **sfeer** was elektrisch; er hing een gevoel van hoop in de lucht.

Anlama Soruları

1. Kahramanın adı nedir?

2. İzmir nerede yer almaktadır?

3. Aysel'in İzmir'de kalma motivasyonu neydi?

4. Aysel sokakta dolaşan insanları gördüğünde ne hissetti?

5. Ücretsiz yemek dağıtımı neden başarılı oldu?

6. Dünya Savaşı'ndan sonra atmosfer nasıl değişti? bedava yemek eşantiyonu?

7. Aysel İzmir'de neyin eksik olduğunu düşünüyordu?

8. Aysel şehrinin yeniden hayata dönmesi hakkında ne hissetti?

9. Sizce öykünün teması nedir?

Begrip vragen

1. Wat is de naam van de hoofdpersoon?

2. Waar ligt Izmir?

3. Wat was Aysel's motivatie om in Izmir te blijven?

4. Hoe voelde Aysel zich toen zij mensen op straat zag rondlopen?

5. Waarom was de gratis voedsel weggeefactie een succes?

6. Hoe veranderde de atmosfeer na de gratis voedsel weggeven?

7. Wat miste er volgens Aysel in Izmir?

8. Hoe vond Aysel het dat haar stad weer tot leven kwam?

9. Wat is volgens jou het thema van het verhaal?

Antalya

Güneş Antalya şehrinin üzerinde batıyordu ve ışığın son huzmeleri antik kalıntıların üzerinde parlıyordu. Şehir bir zamanlar büyük bir ticaret ve **ticaret** merkeziydi, ancak şimdi eski halinin bir gölgesiydi. Ancak çöküş döneminde bile Antalya'nın hala belli bir cazibesi vardı. Gece çöktüğünde **sokaklar** ıssızlaşıyor ve binaların pencerelerinde sadece birkaç ışık görülüyordu. Sanki herkes erkenden yatmış gibiydi. Ancak henüz uyumaktan **memnun** olmayanlar da vardı.

Şehrin bir yerinde, iki figür bir ara sokaktan çıktı ve ana caddelerden birine doğru ilerlemeye başladı. Sanki gitmeleri gereken bir yer varmış gibi hızlı ve kararlı bir şekilde yürüyorlardı. Ve gerçekten de gidecekleri bir **yer vardı** - cadde boyunca sıralanmış terk edilmiş depolardan birine gireceklerdi.
John ve Jane adını vereceğimiz iki kişi bu soygunu haftalardır planlıyordu. Hedef yeri önceden keşfetmişlerdi ve endişelenecekleri bir **güvenlik** görevlisi ya da kamera olmayacağını biliyorlardı. Dikkat etmeleri gereken tek şey yoldan geçenlerin onları görüp polise ihbar etmesiydi.
Ama John ve Jane **profesyoneldi** ve bu gibi durumlarda nasıl davranacaklarını biliyorlardı. Hızla **deponun** kapısına doğru ilerlediler ve levyeyle kapıyı

Antalya

De zon ging onder boven de stad Antalya, en de laatste lichtstralen bescheenen de oude ruïnes. De stad was ooit een groot centrum van handel en **nijverheid**, maar nu is zij een schaduw van zichzelf. Maar zelfs in zijn verval had Antalya nog een zekere charme. Toen de avond viel, werden de **straten** verlaten en slechts enkele lichten waren te zien in de ramen van de gebouwen. Het was alsof iedereen vroeg naar bed was gegaan. Maar er waren er die nog niet tevreden waren **met** slapen.

In een deel van de stad kwamen twee figuren uit een steegje en begonnen zich een weg te banen door een van de hoofdstraten. Ze liepen snel en doelgericht, alsof ze ergens moesten zijn. En inderdaad, ze moesten ergens heen - ze gingen inbreken in een van de verlaten pakhuizen die langs de straat stonden. De twee figuren, die we John en Jane zullen noemen, hadden deze overval al weken gepland. Ze hadden de locatie van het doelwit verkend, en ze wisten dat er geen bewakers of camera's zouden zijn om zich zorgen over te maken. Het enige waarvoor ze moesten oppassen, waren voorbijgangers die hen zouden zien en aangeven bij de politie.
Maar John en Jane waren **professionals**, en ze wisten

zorlayarak açtılar. İçeri girdiklerinde, aradıkları şeyi bulana kadar karanlıkta gezinmek için el fenerlerini kullandılar - değerli mallarla dolu bir sandık yığını.

Sırt çantalarına taşıyabilecekleri kadar eşya **yüklemeye** başlamışlardı ki aniden deponun dışından sesler duydular. John ve Jane oldukları yerde donup kaldılar ve seslerin onları **depoya** girerken görmüş olabilecek birine ait olup olmadığını anlamak için dikkatle dinlediler. Ancak birkaç dakikalık sessizlikten sonra dışarıdaki kişinin **depoya** gelmediği anlaşıldı. Bunun yerine, kapının hemen dışında birileri bir tür ekipman kuruyor gibiydi. “Bu insanlar dışarıda ne yapıyor?” diye fısıldadı Jane endişeyle. “Bilmiyorum ama onlar bizi bulmadan önce buradan çıkmamız gerek!” diye yanıtladı John aceleyle.

hoe ze zich moesten gedragen in dit soort situaties. Ze baanden zich snel een weg naar de deur **van het pakhuis** en trokken die open met een koevoet. Eenmaal binnen gebruikten ze hun zaklampen om door de duisternis te navigeren tot ze vonden wat ze zochten - een stapel kratten gevuld met waardevolle goederen.

Ze begonnen hun rugzakken vol te laden met zoveel als ze konden dragen, toen ze plotseling stemmen hoorden buiten het pakhuis. John en Jane verstijfden, luisterden aandachtig om te zien of de stemmen van iemand waren die hen het **pakhuis** had zien binnengaan. Maar na een paar momenten van stilte, werd het duidelijk dat wie er ook buiten was, niet het **pakhuis** binnenkwam. In plaats daarvan klonk het alsof iemand net buiten de deur een of ander apparaat aan het opstellen was. “Wat doen die mensen daar?” fluisterde Jane zenuwachtig. “Ik weet het niet, maar we moeten hier weg voor ze ons vinden!” antwoordde John dringend.

Anlama Soruları

1. Antalya şehri nedir?

2. Antalya şehri bir zamanlar neyin büyük merkeziydi?

3. Antalya şehri şimdi eski halinin gölgesi midir?

4. Antalya şehri hala neye sahip?

5. Antalya şehrine geceleri ne olur?

6. Ara sokaktan kim çıktı?

7. İki figür ne yapıyordu?

8. John ve Jane neye dikkat etmek zorundaydı?

9. John ve Jane depoda ne buldular?

10. John ve Jane neden depoda mahsur kalmışlardı?

Begrip vragen

1. Wat is de stad Antalya?

2. Waarvan was de stad Antalya ooit een groot centrum?

3. Wat is de stad Antalya nu een schaduw van zijn vroegere zelf?

4. Wat heeft de stad Antalya nog?

5. Wat gebeurt er ‘s nachts met de stad Antalya?

6. Wie kwam er uit het steegje?

7. Wat waren de twee figuren aan het doen?

8. Waar moesten John en Jane voor oppassen?

9. Wat hebben John en Jane in het pakhuis gevonden?

10. Waarom zaten John en Jane vast in het pakhuis?

Sahilde

Güneş doğduktan sonra dalgalar daha gürültülü ve gelgitin üzerindeki kum bembeyaz. Denizi ve güneşi **hayranlıkla seyrederek** sahile doğru yürüyorum. Ayak parmaklarım deniz kabuklarının oluklarını hissediyor. Kum ayak parmaklarımda soğuk. Gülümsüyorum ve devam ediyorum. Gelgit yüksek, bu yüzden çekilmemek için dikkatli olmalıyım. Suyun kenarı boyunca yürüyorum, denize hayranlıkla bakıyorum. Gün doğumu çok **güzel ve** dalgalar çarpıyor. Kendimi çok huzurlu hissediyorum. Bir kaya çıkıntısının olduğu bir noktaya geliyorum. Oturuyorum ve dalgaları izliyorum. Su çok mavi ve gökyüzü çok **turuncu**. Bir rüyadaymışım gibi hissediyorum. Gözlerimi kapatıyorum ve sadece dalgaları dinliyorum. Orada uzun süre oturdum, ta ki birinin adımı söylediğini duyana kadar.

Gözlerimi açtığımda annemin bana doğru yürüdüğünü görüyorum. Yüzünde endişeli bir ifade vardı. Gülümseyip el sallıyorum ve o da **rahatlıyor**. “Nereye gittiğini merak ediyordum,” diyor. “Plajın tadını çıkarmana sevindim.” “Öyleyim” diye cevap veriyorum. “Burası çok güzel.” “Biliyorum,” diyor. “Ben de senin yaşındayken hep buraya gelirdim.” “Gerçekten mi?” diye soruyorum. “Evet,” diye yanıtlıyor. “Burası özel bir yer.” “Burada hiç özel biriyle tanıştın mı?” diye soruyorum.

Op het strand

Na zonsopgang zijn de golven luider en het zand boven de vloed is wit. Ik loop naar het strand en **bewonder** de zee en de zon. Mijn tenen voelen de groeven van schelpen. Het zand is koud aan mijn tenen. Ik glimlach en loop door. Het is vloed, dus ik moet oppassen dat ik er niet in word getrokken. Ik loop langs de waterkant en bewonder de zee. De zonsopgang is **prachtig**, en de golven beuken. Ik voel me zo vredig. Ik kom op een plek waar een rots uitsteekt. Ik ga zitten en kijk naar de golven. Het water is zo blauw en de lucht is zo **oranje**. Ik voel me alsof ik in een droom ben. Ik sluit mijn ogen en luister alleen maar naar de golven. Ik zat daar een hele tijd, tot ik iemand mijn naam hoorde roepen.

Ik open mijn ogen en zie mijn moeder naar me toe lopen. Ze heeft een bezorgde blik op haar gezicht. Ik glimlach en zwaai, en ze **ontspant zich**. “Ik vroeg me al af waar je was,” zegt ze. “Ik ben blij dat je van het strand geniet.” Ik antwoord: “Dat doe ik.” “Het is hier zo mooi.” “Ik weet het,” zegt ze. “Ik kwam hier altijd toen ik zo oud was als jij.” “Echt waar?” Vraag ik. “Ja,” antwoordt ze. “Het is een speciale plek.” “Heb je hier ooit een speciaal iemand ontmoet?” Vraag ik. “Ik wel,” antwoordt ze met een glimlach. “Je vader.” “Echt waar?” Zeg ik, **verbaasd**. “Ja,” zegt ze. “We kwamen hier altijd

“Tanıştım,” diye yanıtlıyor gülümseyerek. “Babanla.” “Gerçekten mi?” “Gerçekten mi?” diyorum **şaşırarak**. “Evet,” diyor. “Buraya her zaman birlikte gelirdik. Burası aşık olduğumuz yer. “ Gülümsüyorum, annemle babamın bu güzel kumsalda aşık olduklarını **hayal ediyorum.** “Burası özel bir yer,” diye tekrarlıyor. “Bugün buraya gelmene sevindim.”

Bir süre daha orada oturup dalgaları ve gün batımını **izliyoruz.** Sonra kalkıp plaj havlularımıza geri dönüyoruz. Uzanıyorum ve yıldızlara bakıyorum. Çok mutlu ve memnun hissediyorum. Dalgalar şimdi daha yüksek ve kum soğuk. Güneş batıyor ve serin bir meltem esiyor. Dalgalar kıyıya çarpıyor ve havada tuz kokusu var. Sahilde olmak için mükemmel bir akşam. Kıyı boyunca yürüyorum, dalgaların sesini **dinliyorum** ve gün batımını izliyorum. Kumların üzerinde oturmuş, gülüşen ve şakalaşan bir grup insan görüyorum. Harika vakit geçiriyor gibi görünüyorlar. Onlara doğru yürüyorum ve onlara katılıp katılamayacağımı soruyorum. Evet diyorlar ve gecenin geri kalanını konuşarak, gülerek ve **gün bat**ımını izleyerek geçiriyoruz. Mükemmel bir akşamdı. Grup ve ben güneş batana kadar konuşuyoruz. Hikayeler ve şakalar paylaşıyoruz ve hepimiz harika vakit geçiriyoruz. Gece çökmeye başladığında hepimiz yorgun hissetmeye başlıyoruz. Birbirimize **veda** öpücüğü verip yollarımızı ayırıyoruz. Kendimi mutlu ve memnun hissederek otelime geri dönüyorum.

samen. Het is waar we verliefd werden. “ Ik glimlach en **stel me voor hoe** mijn ouders verliefd werden op dit prachtige strand. “Het is een speciale plek,” herhaalt ze. “Ik ben blij dat je hier vandaag bent.”

We zitten daar nog een tijdje, **kijken naar** de golven en de zonsondergang. Dan staan we op en lopen terug naar onze strandhanddoeken. Ik ga liggen en kijk naar de sterren. Ik voel me zo gelukkig en tevreden. De golven zijn nu luider, en het zand is koud. De zon gaat onder en er waait een koel briesje. De golven beuken tegen de kust, en de geur van zout hangt in de lucht. Het is een perfecte avond om op het strand te zijn. Ik loop langs het strand, **luister** naar het geluid van de golven en kijk naar de zonsondergang. Ik zie een groep mensen op het zand zitten, lachend en grapjes makend. Ze zien eruit alsof ze het naar hun zin hebben. Ik loop naar ze toe en vraag of ik erbij mag komen zitten. Ze zeggen ja, en we brengen de rest van de avond door met praten, lachen en kijken naar de **zonsondergang**. Het is een perfecte avond. De groep en ik praten tot de zon ondergaat. We delen verhalen en grappen, en we hebben allemaal een geweldige tijd. Als de avond begint te vallen, beginnen we allemaal moe te worden. We kussen elkaar **vaarwel** en gaan uit elkaar. Ik loop terug naar mijn hotel en voel me gelukkig en tevreden.

Anlama Soruları

1. Anlatıcı uyandıktan sonra nereye gidiyor?

2. Anlatıcı sahil boyunca yürürken neye hayranlık duyuyor?

3. Anlatıcı sahil boyunca yürürken nelere dikkat etmek zorundadır?

4. Anlatıcı manzaranın tadını çıkarmak için nereye oturuyor?

5. Anlatıcı orada ne kadar oturuyor?

6. Anlatıcı gözlerini tekrar açtığında kimi görüyor?

7. Anlatıcının annesi ne diyor?

8. Anlatıcı ve tanıştığı insanlar ne hakkında konuşuyorlar?

Begrip vragen

1. Waar gaat de vertelster heen nadat ze wakker is geworden?

2. Wat bewondert de vertelster als ze langs het strand loopt?

3. Waar moet de vertelster op letten als ze langs het strand loopt?

4. Waar gaat de verteller zitten om van het uitzicht te genieten?

5. Hoe lang blijft de verteller daar zitten?

6. Wie ziet de verteller als ze haar ogen weer opent?

7. Wat zegt de moeder van de verteller?

8. Waar praten de verteller en de mensen die ze ontmoet over?

Gölde Kamp Yapmak

Manzaranın huzuruna **hayranlıkla bakarak** göle doğru yürüyorum. Güneş küçük gölün üzerine vuruyor ve suyun camdan bir tabaka gibi görünmesine neden oluyor. Tek hareket, ara sıra yüzeye çıkan bir balığın **yarattığı** dalgalanma. Kuşlar bile sıcaktan bunalmışa benziyor, sadece ağustos böceklerinin sesi havayı dolduruyor. **Aniden,** huzur yüksek sesli bir sıçramayla bozulur. Büyük bir **balık** sudan fırlamış, bir yusufçuğu yakalamaya çalışmaktadır. Balık hedefini ıskalıyor ve bir sıçramayla suya geri düşüyor. "Vay canına," diye düşündüm kendi kendime, "bu büyük bir balıktı!" Başka gören var mı diye etrafa bakındım ama etrafta kimse yoktu. Sanırım kampa döndüğümde onlara söylemem gerekecek.

Sıcak **bunaltıcı,** nefes almayı zorlaştırıyor. Hava, etrafınızı saran bir battaniye gibi kalın ve ağırdır. Tek rahatlama suda. Serin ve ferahlatıcı, sıcak bir günde soğuk bir içecek gibi. Derin bir nefes alıyorum ve suya dalıyorum. Serin su etrafımı sardığında rahatlıyorum. Dibe doğru yüzüyorum ve sonra suyun vücudumu serinlettiğini hissederek tekrar yüzeye çıkıyorum. Sıcaktan uzaklaşmanın keyfini çıkararak turlar **atmaya** devam ediyorum. Bir süre sonra sudan çıkıyorum

Kamperen aan het meer

Ik loop naar het meer en **bewonder** de vredigheid van het tafereel. De zon schijnt op het meertje, waardoor het water een glazen plaat lijkt. De enige beweging is af en toe een rimpeling van een vis **die** het wateroppervlak breekt. Zelfs de vogels lijken een pauze te nemen van de hitte, met alleen het geluid van cicaden die de lucht vullen. **Plotseling** wordt de rust verbroken door een luide plons. Een grote **vis** is uit het water gesprongen, in een poging een libel te vangen. De vis mist zijn doel en valt met een plons terug in het water. “Wow,” denk ik bij mezelf, “dat was een grote vis!.” Ik keek om me heen om te zien of iemand anders hem had gezien, maar er was niemand in de buurt. Ik denk dat ik het ze zal moeten vertellen als ik terug ben in het kamp.

De hitte is **drukkend**, waardoor het moeilijk is om te ademen. De lucht is dik en zwaar, als een deken om je heen gewikkeld. De enige verlichting is in het water. Het is koel en verfrissend, als een koud drankje op een warme dag. Ik haal diep adem en duik in het water. De opluchting is onmiddellijk als het koele water me omringt. Ik zwem naar de bodem en dan weer naar de oppervlakte, terwijl ik voel hoe het water mijn lichaam afkoelt. Ik blijf baantjes trekken en geniet van de

ve çimlerin üzerine uzanarak güneşin vücudumu kurutmasına izin veriyorum. Gözlerimi kapatıp uykuya dalıyorum, **ağustos böceklerinin** sesi beni derin bir uykuya daldırıyor. Güneşin cildimdeki suyu pişirmesine izin veriyorum. Cildimin kızardığını hissedebiliyorum ama umurumda değil. Umursamayacak kadar sıcaktım. Bir de baktım ki güneş batıyor. Gökyüzü pembe ve mor çizgileriyle güzel bir turuncuya bürünmüştü. Sıcak gitmiş, yerini serin bir **esinti almıştı**.

Kalkıp kıyafetlerimi giyiyorum, kendimi yenilenmiş ve gençleşmiş hissediyorum. Serin havadan derin bir **nefes alıyorum** ve gülümsüyorum. Hayatta olmak iyi hissettiriyor. Renklerin gökyüzünde dans edişini hayranlıkla izleyerek kamp alanına geri dönüyorum. Uzakta yanan kamp ateşini görebiliyorum ve havadaki dumanın kokusunu alabiliyorum. Gülümsüyorum ve adımlarımı **hızlandırıyorum.** Rahatlamaya ve akşamımın geri kalanının tadını çıkarmaya hazırım. Kamp alanına giriyorum ve herkesin ateşin etrafında toplandığını görüyorum. **Gülüyorlar,** şakalaşıyorlar ve ateşin gözlerine yansıdığını görebiliyorum. Gülümsüyorum ve arkadaşlarımın yanına oturuyorum. Geri dönmek çok güzel. Ertesi sabah erkenden uyanıyorum ve eşyalarımı toplamaya başlıyorum. Patikaya geri dönmek ve yolculuğuma devam etmek için sabırsızlanıyorum. Arkadaşlarıma veda ediyorum ve yürümeye başlıyorum. Yürürken **kamp alanına** son bir kez bakıyorum.

afkoeling van de hitte. Na een tijdje kom ik uit het water en ga op het gras liggen, zodat de zon mijn lichaam kan drogen. Ik sluit mijn ogen en val in slaap, het geluid van de **cicaden** brengt me in een diepe slaap. Ik laat de zon het water uit mijn huid bakken. Ik voel dat mijn huid rood wordt, maar dat kan me niet schelen. Ik heb het te warm om me zorgen te maken. Het volgende dat ik weet, is dat de zon ondergaat. De lucht is prachtig oranje, met roze en paarse strepen. De hitte is weg, vervangen door een koel **briesje**.

Ik sta op en trek mijn kleren weer aan. Ik voel me verfrist en verjongd. Ik haal diep **adem** uit de koele lucht en glimlach. Het voelt goed om te leven. Ik loop terug naar de camping en bewonder de manier waarop de kleuren in de lucht dansen. In de verte zie ik het kampvuur branden, en ik ruik de rook in de lucht.
Ik glimlach en **versnel** mijn pas. Ik ben klaar om te ontspannen en te genieten van de rest van mijn avond. Ik loop de camping op en zie dat iedereen rond het vuur zit. Ze **lachen** en maken grapjes, en ik kan het vuur in hun ogen zien weerkaatsen. Ik glimlach en ga naast mijn vrienden zitten. Het is goed om terug te zijn. De volgende ochtend sta ik vroeg op en begin mijn spullen in te pakken. Ik sta te popelen om weer op pad te gaan en mijn reis voort te zetten. Ik neem afscheid van mijn vrienden en begin weg te lopen. Terwijl ik loop, werp ik nog een laatste blik op de **camping**.

Anlama Soruları

1. Yürüyen nereye gidiyor?

2. Nasıl bir hava var?

3. Su neye benziyor?

4. Yürüteç sıcağa nasıl tepki veriyor?

5. Balık ne yapıyor?

6. Yürüteç neden yalnız?

7. Su nasıl bir his veriyor?

8. Yürüteç yüzdükten sonra nasıl hissediyor?

9. Yürüteç günün hangi saatinde uyanıyor?

10. Walker kamptan ayrıldığında nereye gidiyor?

Begrip vragen

1. Waar gaat de wandelaar heen?

2. Wat voor weer is het?

3. Hoe ziet het water eruit?

4. Hoe reageert de wandelaar op de hitte?

5. Wat doet de vis?

6. Waarom is de wandelaar alleen?

7. Hoe voelt het water aan?

8. Hoe voelt de wandelaar zich na het zwemmen?

9. Hoe laat is het als de wandelaar wakker wordt?

10. Waar gaat de wandelaar heen als hij het kamp verlaat?

Ev

Geçen hafta yeni evime taşındım ve çok **heyecanlıyım**! Eski evimden çok daha büyük ve büyük bir arka bahçesi var. Barbekü ve partiler için arkadaşlarımı ağırlamak için sabırsızlanıyorum. **En sevdiğim** bölüm yeni yatak odam. Çok büyük ve aydınlık ve tüm eşyalarımı koyacak çok yerim var. Yeni evimden gerçekten çok memnunum ve burada çok mutlu olacağımı düşünüyorum. Evi biraz daha keşfetmeye karar verdim. İkinci kata çıktım ve mutfağa doğru ilerlemeye başladım ki duvarda büyük siyah bir örümcek gördüm! Çığlık attım ve aşağıya koştum. Çok **korkmuştum**! Ama birkaç dakika sonra sakinleştim ve yukarı çıkmaya karar verdim. Yavaşça mutfağa doğru ilerledim ve örümceğin gitmiş olduğunu gördüm. Çok rahatlamıştım! Tekrar aşağı indim ve **arka bahçeyi** keşfetmek için dışarı çıkmaya karar verdim. O kadar büyüktü ki! İnanamadım. Köşede bir salıncak seti ve bir kaydırak gördüm. Ayrıca bir basketbol filesi ve bir **trambolin de** gördüm. Çok heyecanlanmıştım!

Tüm bu yeni eşyaları kullanmak için sabırsızlanıyorum. **Komşular** geldi ve kendilerini tanıttılar. Gerçekten iyi görünüyorlardı ve bir süre konuştuk. Gelecek hafta sonu beni barbekü partilerine davet ettiler ve ben de seve seve geleceğimi söyledim. Yeni evimde

Het Huis

Ik ben vorige week in mijn nieuwe huis getrokken, en ik ben zo **opgewonden**! Het is zoveel groter dan mijn oude, en het heeft een grote achtertuin. Ik kan niet wachten om vrienden uit te nodigen voor BBQ's en feestjes. Mijn **favoriete** deel is mijn nieuwe slaapkamer. Hij is zo groot en licht, en ik heb veel ruimte om al mijn spullen op te bergen. Ik ben echt blij met mijn nieuwe huis en ik denk dat ik hier heel gelukkig zal zijn. Ik besloot om het huis nog wat verder te verkennen. Ik ging naar boven naar de tweede verdieping en ging op weg naar de keuken toen ik een grote zwarte spin op de muur zag! Ik gilde en rende naar beneden. Ik was zo **bang**! Maar na een paar minuten was ik gekalmeerd en besloot ik terug naar boven te gaan. Ik ging langzaam naar de keuken en zag dat de spin weg was. Ik was zo opgelucht! Ik ging terug naar beneden en besloot naar buiten te gaan om de **achtertuin te verkennen**. Hij was zo groot! Ik kon het niet geloven. Ik zag een schommel in de hoek en een glijbaan. Ik zag ook een basketbalnet en een **trampoline**. Ik was zo opgewonden!

Ik kan niet wachten om al deze nieuwe spullen te gebruiken. De **buren** kwamen langs en stelden zich voor. Ze leken erg aardig, en we hebben een tijdje gepraat. Ze nodigden me uit voor hun BBQ volgend

harika bir ilk hafta geçirdim ve önümdeki tüm yeni maceralar için heyecanlıyım. Bugün yine arka bahçede keşfe çıkacağım ve başka neler bulabileceğime bakacağım. Kim bilir, belki bir **hazine** bile bulurum. Önümüzdeki haftanın neler getireceğini görmek için sabırsızlanıyorum! Bir sonraki hafta yine arka bahçede keşfe çıktım ve **gizli** bir bahçe buldum. Çok güzeldi! Her yerde çiçekler ve içinde balıklar olan küçük bir gölet vardı. Ayrıca daha önce görmediğim bir salıncak seti de gördüm. Bu gizli bahçeyi bulduğum için çok heyecanlıydım ve daha fazla keşfetmek için sabırsızlanıyorum. Çok **güzeldi**!

Her yerde çiçekler ve içinde balıklar olan küçük bir gölet vardı. Ayrıca daha önce görmediğim bir **salıncak** seti de gördüm. Bu gizli bahçeyi bulduğum için çok heyecanlıydım ve daha fazla keşfetmek için sabırsızlanıyorum. Yeni odamı da çok sevdim. Çok büyük ve aydınlıktı ve duvarlarda en sevdiğim grupların posterleri vardı. Kendi **mobilyalarımı** getirmeme bile gerek kalmadı çünkü burada zaten bir yatak, şifonyer ve çalışma masası vardı. Bu şimdiye kadarki en iyi yılım olacak! Yeni bir **okula** başlayacağım için biraz gergindim ama yeni komşularımın hepsi çok arkadaş canlısıydı. Hatta yan komşum olan bir kızla tanıştım ve ilk günümde benimle okula yürüyeceğini söyledi.

weekend, en ik zei dat ik graag zou komen. Ik had een geweldige eerste week in mijn nieuwe huis, en ik ben opgewonden over alle nieuwe avonturen die in het verschiet liggen. Vandaag ga ik weer op verkenning in de achtertuin en kijken wat ik nog meer kan vinden. Wie weet, misschien vind ik wel een **schat**. Ik kan niet wachten om te zien wat de volgende week brengt!
De volgende week ging ik weer op verkenning in de achtertuin, en ik vond een **geheime** tuin. Het was zo mooi! Er waren overal bloemen en een kleine vijver met vissen erin. Ik zag ook een schommel die ik nog niet eerder had gezien. Ik was zo opgewonden toen ik deze geheime tuin vond, en ik kan niet wachten om hem verder te verkennen. Het was zo **mooi**!

Er waren overal bloemen en een kleine vijver met vissen erin. Ik zag ook een **schommel** die ik nog niet eerder had gezien. Ik was zo opgewonden toen ik deze geheime tuin vond, en ik kan niet wachten om hem verder te verkennen. Ik vond mijn nieuwe kamer ook geweldig. Hij was zo groot en licht, en er hingen al posters van mijn favoriete bands aan de muur. Ik hoefde niet eens mijn eigen **meubels** mee te nemen, want er stonden al een bed, een dressoir en een bureau. Dit wordt het beste jaar ooit! Ik was een beetje nerveus om op een nieuwe **school** te beginnen, maar al mijn nieuwe buren zijn zo vriendelijk. Ik heb zelfs een meisje ontmoet dat naast me woont, en ze zegt dat ze op mijn eerste dag met me naar school zal lopen.

Anlama Soruları

1. Kişi nerede yaşıyor?

2. Kişi yeni evini nasıl buluyor?

3. Kişinin yeni evinin en sevdiği kısmı nedir?

4. Kişi bahçede ne buldu?

5. Komşular kimlerdir?

6. Kişinin yeni evindeki ilk günleri nasıldı?

7. Kişinin yeni odasının en sevdiği kısmı nedir?

8. Kişi yarın ne yapmayı planlıyor?

9. Kişinin yeni evindeki ilk haftasının en iyi yanı neydi?

10. Kişinin yeni odasındaki her şey nedir?

Begrip vragen

1. Waar woont de persoon?

2. Hoe vindt de persoon het in het nieuwe huis?

3. Wat is het favoriete deel van het nieuwe huis van de persoon?

4. Wat heeft de persoon in de tuin gevonden?

5. Wie zijn de buren?

6. Hoe voelde de persoon zich de eerste dagen in het nieuwe huis?

7. Wat is het favoriete deel van de nieuwe kamer van de persoon?

8. Wat is de persoon van plan morgen te doen?

9. Wat was het beste deel van de eerste week van de persoon in het nieuwe huis?

10. Wat is er allemaal in de nieuwe kamer van de persoon?

Trende

Tren istasyonuna koştum ama çok geç kalmıştım. Tren çoktan bensiz hareket etmişti. Kendimi çok **kızgın** ve **hayal kırıklığına uğramış** hissettim. Trene binip taşrada yaşayan büyükanne ve büyükbabamı ziyaret etmeyi planlıyordum ama şimdi bir sonraki tren için tam bir saat beklemem gerekecekti. Bunun yerine bir süre şehirde dolaşmaya karar verdim ve kaçırdığım fırsatı unutmaya çalıştım. Yürürken, **trenlerin** sizi götürebileceği tüm yerler hakkında **hayaller kurmaya** başladım. Birdenbire artık o kadar da üzgün değildim. İstasyona geri döndüm ve bana doğru ilerleyen kırmızı, beyaz ve mavi renkli büyük lokomotifi fark etmeden edemedim. **Kondüktörün** pencereden bana el salladığını görünce bu trenin benim için olduğunu anladım. Trene binip koltuğuma oturuyorum ve uzun bir yolculuk için hazırlanıyorum.

İstasyondan çıkarken, bu trenin beni nereye götüreceğini merak etmekten kendimi alamıyorum. Yeşil **tarlaların** içinden, mavi nehirlerin üzerinden, dağların ve vadilerin yanından geçen bu yaşlı trenin nereye gideceği belli değil. Gece çökmeye başladığında, aşağıdaki rayların üzerindeki vagonların **ritmik** hareketiyle **huzurlu bir** uykuya dalıyorum. Sabah olduğunda gözlerimi açtığımda hiçliğin ortasında

In de trein

Ik rende naar het treinstation, maar ik was te laat. De trein was al vertrokken zonder mij. Ik voelde me zo **boos** en **teleurgesteld** in mezelf. Ik was van plan om met de trein naar mijn grootouders te gaan die op het platteland wonen, maar nu moest ik een heel uur wachten op de volgende trein. Ik besloot in plaats daarvan een eindje door de stad te lopen en probeerde mijn gemiste kans te vergeten. Terwijl ik liep, begon ik **te dagdromen** over alle plaatsen waar **treinen** je kunnen brengen. Plotseling was ik niet meer zo van streek. Ik liep terug naar het station en zag de grote rood-wit-blauwe locomotief die op me af kwam rijden. Pas als ik de **conducteur** vanuit het raam naar me zie zwaaien, realiseer ik me dat deze trein voor mij is. Ik stap in de trein en zoek een zitplaats. Ik ga zitten voor wat een lange reis belooft te worden.

Terwijl we het station uitrijden, vraag ik me af waar deze trein me heen zal brengen. Door groene **velden** en over blauwe rivieren, langs bergen en valleien, het is niet te zeggen waar deze oude trein heen zal gaan. Als de nacht begint te vallen, drijf ik weg in een **vredige** slaap, gewiegd door de **ritmische** beweging van de wagons op de sporen beneden. Als het weer ochtend wordt, open ik mijn ogen en zie dat we in een klein stadje

küçük bir kasabaya vardığımızı görüyorum. Yerliler Ana Cadde'de dolaşmaya başladığında güneş ufukta belirmeye başlıyor; bir şey dışında burası herhangi bir güne benziyor - Belediye Binası'nın yanına asılmış büyük bir tabelada "Gemiye hoş geldiniz!" yazıyor. Görünüşe göre bu küçük kasaba bizi bekliyormuş, her ne kadar başka bir yere giden sıradan bir **yolcu** treni olsak da. Kasabayı bir kez daha arkamızda bırakıp kim bilir nereye doğru yol alırken, **tarlaların** arasında yuvalanmış o küçük evlerden el sallayan tüm dost yüzlere gülümsüyorum - görünüşte sıradan olan bir şeyin sadece geçerek bu kadar neşe getirebilmesi gerçekten şaşırtıcı. Ve tabii bir de **çocuklar var**.

Lokomotifimin penceresinden dışarı uzanıyorum. Parlayan gözleri ve kocaman sırıtışlarıyla beni her zaman çok mutlu ederler. **Kabinime** dönüp oturmadan önce onlara enerjik bir şekilde el salladım. Şimdiden uzun bir gün oldu ama henüz bitmedi; son varış noktamıza ulaşmamıza daha birkaç saat **var**. Kitabımı çıkarıp okumaya başlıyorum ve trenin ritmik sallanışının beni huzurlu bir hale sokmasına izin veriyorum. Arada bir kafamı kaldırıp dışarıdan geçen manzaraya bakıyorum - kaç kez görürsem göreyim asla eskimiyor. Sonunda gece çökmeye başlıyor ve uzaktan **parıldayan** ışıklar görünmeye başlıyor; artık yaklaşıyoruz. Çok geçmeden istasyona giriyoruz ve duruyoruz.

ergens in niemandsland zijn aangekomen. De zon komt net boven de horizon als de plaatselijke bevolking zich in de hoofdstraat begint te mengen; het ziet er hier uit als elke andere dag, behalve één ding - er hangt een groot bord bij het stadhuis met de tekst “Welkom aan boord!” Het lijkt erop dat dit stadje ons verwacht, ook al zijn we maar een gewone passagierstrein op doorreis naar elders. Terwijl we de stad weer achter ons laten, op weg naar wie weet waar, glimlach ik om al die vriendelijke gezichten die ons uitzwaaien vanuit die kleine huisjes tussen **het boerenland -** het is echt verbazingwekkend hoe iets dat zo gewoon lijkt, zoveel vreugde kan brengen door er gewoon langs te rijden. En dan, natuurlijk, zijn er de **kinderen**.

Ik leun uit het raam van mijn locomotief. Ze maken me altijd zo blij met hun stralende ogen en grote grijnzen. Ik zwaai energiek naar ze terug voordat ik terugga naar mijn **cabine** en ga zitten. Het was al een lange dag, maar hij is nog niet voorbij; het duurt nog een paar uur voordat we onze **eindbestemming** bereiken. Ik pak mijn boek en begin te lezen, terwijl het ritmische schommelen van de trein me in een vredige toestand brengt. Af en toe kijk ik op naar het landschap dat buiten aan me voorbijtrekt - het verveelt nooit, hoe vaak ik het ook zie. Uiteindelijk begint de nacht te vallen en verschijnen er **twinkelende** lichtjes in de verte; we komen nu in de buurt. Snel genoeg rijden we het station binnen en komen tot stilstand.

Anlama Soruları

1. Tren nereye gidiyor?

2. Trende kim seyahat ediyor?

3. Tren ne zaman kalkıyor?

4. Kahraman trene nasıl biniyor?

5. Tren nereden geliyor?

6. Tren şimdi nereye gidiyor?

7. Yolcular ne zaman geldi?

8. Treni kaçırdığında kahraman nasıl hissediyor?

9. Tren makinisti kahramanı gördüğünde nasıl tepki veriyor?

10. Kahraman neden trenleri seviyor?

Begrip vragen

1. Waar gaat de trein heen?

2. Wie reist er met de trein?

3. Wanneer vertrekt de trein?

4. Hoe komt de hoofdpersoon op de trein?

5. Waar komt de trein vandaan?

6. Waar gaat de trein nu heen?

7. Wanneer zijn de passagiers aangekomen?

8. Hoe voelt de hoofdpersoon zich als hij de trein mist?

9. Hoe reageert de treinmachinist als hij de hoofdpersoon ziet?

10. Waarom houdt de hoofdpersoon van treinen?

Akşam Yemeği Pişirme

Şu anda saat 17:00 ve ben işten eve yürüyorum. Evde eşimle sakin bir akşam geçirmeyi **dört gözle** bekliyorum. Birlikte akşam yemeği pişireceğiz ve sonra gecenin geri kalanında dinleneceğiz. Bu **akşam** herhangi bir planım ya da zorunluluğum olmadığını bilmek iyi hissettiriyor. Eve geldiğimde partnerim çoktan mutfağa girmiş, akşam yemeğimizi hazırlamaya başlamıştı. Burası **harika** kokuyor! Yemek pişirirken sohbet ediyoruz, birbirimizin günlerini yakalıyoruz ve iş hayatlarımızdan küçük hikayeler paylaşıyoruz. Mutfak dairemizdeki en sevdiğim oda. Yemek yapmayı seviyorum ve özellikle de ortağımla yemek yapmayı seviyorum. Burada her zaman çok iyi vakit geçiriyoruz, fırtına gibi yemek pişirirken gülüyor ve şakalaşıyoruz. Ayrıca, **birlikte** çalıştığımızda yemekler her zaman **inanılmaz oluyor**.

Bu akşam, tüm zamanların en sevdiğim tariflerinden birini yapıyoruz: Parmesanlı **tavuk.** Ben **ocakta** sosu kaynatırken ortağım tavuğu ekmekle kaplamaya başlıyor. İyi yağlanmış bir makine gibi birlikte çalışıyoruz ve çok geçmeden yemek servise hazır hale geliyor. Parmesanlı tavuk, makarna ve salatayla dolu **tabaklarla**

Diner koken

Het is nu 5 uur 's middags en ik loop van mijn werk naar huis. Ik kijk **uit** naar een rustige avond thuis met mijn partner. We zullen samen eten koken en dan de rest van de avond ontspannen. Het voelt goed om te weten dat ik deze **avond** geen plannen of verplichtingen heb. Ik kom thuis en mijn partner is al in de keuken om ons eten klaar te maken. Het ruikt hier geweldig! We kletsen terwijl we koken, praten bij over elkaars dagen en delen kleine verhalen uit ons werkleven. De keuken is mijn favoriete kamer in ons appartement. Ik hou van koken, en vooral van koken met mijn partner. We hebben het hier altijd zo gezellig, we lachen en maken grapjes terwijl we koken. En het eten is altijd **heerlijk** als we **samenwerken**.

Vanavond maken we een van m'n lievelingsrecepten: Parmezaanse kip. Mijn partner begint met het paneren van de kip, terwijl ik de saus op het **fornuis** laat pruttelen. We werken samen als een goed geoliede machine en al snel is het eten klaar om op te dienen. We gaan aan onze kleine keukentafel zitten met **borden** vol met Parmezaanse kip, pasta en salade. We klinken op de glazen en nemen onze eerste hap,

küçük mutfak masamıza oturuyoruz. Bardakları tokuşturuyoruz ve ilk **lokmamızı** alıyoruz - ve bu harika! Tavuğun dışı çıtır çıtır ama içi sulu; sos lezzetli ve mükemmel; makarna al dente pişmiş... bu gece her şeyin tadı kesinlikle mükemmel. İkimiz de bunun, lezzetli yemeğimizin son lokmasının **tadını çıkarırken her** şeyin mükemmel bir şekilde bir araya geldiği o gecelerden biri olduğunu biliyoruz. Tadı kokusundan bile daha güzeldi - ki bu oldukça iyiydi! İkimiz de bugün özellikle aç olmadığımız için yemeğimizi nispeten hızlı bir şekilde bitiriyoruz, ancak bu ve bu konu hakkında hafifçe sohbet ederken birkaç **kadeh** şarabın tadını çıkarmak için zaman ayırıyoruz. Yemekten sonra birlikte hızlıca temizlenip oturma odasına geçiyoruz ve burada televizyon izlerken kanepeye **sarılıp** biraz vakit geçiriyoruz.

Uzun bir **çalışma** gününün ardından birbirimize yakın olmak çok güzel bir his. Kendimi mutlu hissediyorum. Her ne kadar hareketli bir akşam geçirmemiş olsak da, evden çıkmak zorunda kalmadan birlikte vakit geçirmek güzeldi. Bir film izledik ve basit gecemizden **memnun** hissederek erkenden yattık. Bu, dışarı çıkmak istemediğimiz gecelerde yapmayı en **sevdiğimiz** şeylerden biri haline geldi - sadece evde dinlenmek ve ev yapımı bir yemekle birbirimizin arkadaşlığının tadını çıkarmak. Uzun bir günün ardından buraya dönüp sadece kendimiz olabileceğimizi bilmek her zaman güzel.

en het is **hemels**! De kip is knapperig van buiten maar sappig van binnen; de saus is smaakvol en perfect; de pasta is al dente gekookt... alles smaakt absoluut perfect vanavond. We weten allebei dat dit een van die avonden was waarop alles perfect samenkwam en we **genieten van** elke laatste hap van onze heerlijke maaltijd. Het smaakte nog beter dan het rook, en dat was verdomd goed! We eten relatief snel, omdat geen van ons beiden vandaag honger heeft, maar we nemen de tijd om nog een paar **glazen** wijn te drinken terwijl we luchtig kletsen over van alles en nog wat. Na het eten ruimen we snel samen op en gaan dan naar de woonkamer, waar we een poosje **knuffelen** op de bank terwijl we TV kijken.

Het voelt zo fijn om dicht bij elkaar te zijn na een lange dag apart **werken**. Ik voel me voldaan. Ook al hadden we geen avond vol belevenissen, het was fijn om gewoon wat tijd met elkaar door te brengen zonder het huis uit te hoeven. We keken een film en gingen vroeg naar bed, met een **voldaan** gevoel over onze eenvoudige avond. Dit is een van onze **favoriete** dingen geworden om te doen op avonden dat we niet uit willen gaan - gewoon thuis ontspannen en genieten van elkaars gezelschap tijdens een zelfgekookte maaltijd. Het is altijd fijn om te weten dat we hier na een lange dag kunnen terugkomen en gewoon onszelf kunnen zijn.

Anlama Soruları

1. Anlatıcı nereden geliyor?

2. Anlatıcı işten sonra ne yapıyor?

3. Anlatıcı akşam yemeğinde ne yiyor?

4. Anlatıcı mutfağı neden seviyor?

5. Çift ne tür bir yemek pişiriyor?

6. Anlatıcı gecenin sonunda nasıl hissediyor?

7. Çiftin yapmayı en sevdiği şey nedir?

8. Çift yorulduğunda ne yapıyor?

9. Nerede uyuyorlar?

10. Anlatıcı neden evde kalmayı seviyor?

Begrip vragen

1. Waar komt de verteller vandaan?

2. Wat doet de verteller na het werk?

3. Wat eet de verteller als avondeten?

4. Waarom houdt de verteller van de keuken?

5. Wat voor gerecht kookt het stel?

6. Hoe voelt de verteller zich aan het eind van de avond?

7. Wat is het favoriete ding van het koppel om te doen?

8. Wat doet het stel als ze moe worden?

9. Waar slapen ze?

10. Waarom blijft de verteller graag thuis?

Yürüyen Ev

İşten eve yürürken **huzurlu** bir geceydi. Yürürken anılarıma gülümsemekten kendimi alamadım. Eski mahalleme geri dönmek iyi hissettiriyordu. Tanıdığım birkaç kişiye el salladım, onlar da bana el salladı. Evde olmak güzeldi. Eski okulumun önünden geçtim ve arkadaşlarımla geçirdiğim tüm güzel zamanları **hatırladım.** Eve hep birlikte yürür ve günümüz hakkında konuşurduk. **Bazen** durup dondurma alır ya da parka giderdik. Bunlar en güzel zamanlardı. O zamanları özlüyorum. Ama şimdi kendi ailem var ve hayatımdan memnunum. O anılara dönüp bakabildiğim ve gülümseyebildiğim için mutluyum. Onlar hayatımın her zaman değer vereceğim bir parçası. En güzel zamanlardı. O zamanları özlüyorum. Ama şimdi kendi ailem var ve hayatımdan memnunum. O **anılara dönüp** bakabildiğim ve gülümseyebildiğim için mutluyum. Onlar hayatımın her zaman değer vereceğim bir parçası.

Arkadaşlarımla geçirdiğim güzel zamanları düşünerek yürümeye devam ediyorum. Onları yakında tekrar göreceğimi biliyorum. Evime doğru ilerliyorum ve yakınlardaki bir parkta yürümeye karar veriyorum. Güneş batıyor ve gökyüzü **güzel bir** turuncu renge dönüşüyor. Ağaçlarda cıvıldayan birkaç kuş dışında

Walking Home

Het was een **rustige** avond toen ik van mijn werk naar huis liep. Terwijl ik liep, kon ik niet anders dan glimlachen bij de herinneringen. Het voelde goed om terug in mijn oude buurt te zijn. Ik zwaaide naar een paar mensen die ik kende, en zij zwaaiden terug. Het was goed om thuis te zijn. Ik liep langs mijn oude school en **herinnerde me** alle leuke tijden die ik had met mijn vrienden. We liepen altijd samen naar huis en praatten over onze dag. **Soms** stopten we om een ijsje te halen of gingen we naar het park. Dat waren de beste tijden. Ik mis die tijden. Maar nu heb ik mijn eigen familie en ik ben blij met mijn leven. Ik ben blij dat ik op die herinneringen kan terugkijken en glimlachen. Ze zijn een deel van mijn leven dat ik altijd zal koesteren. Dat waren de beste tijden. Ik mis die tijden. Maar nu heb ik mijn eigen familie en ben ik gelukkig met mijn leven. Ik ben blij dat ik kan terugkijken op die **herinneringen** en kan glimlachen. Ze zijn een deel van mijn leven dat ik altijd zal koesteren.

Ik blijf lopen, denkend aan de goede tijden die ik had met mijn vrienden. Ik weet dat ik ze snel weer zal zien. Ik ga richting mijn huis en besluit door een park in de buurt te lopen. De zon gaat onder en de lucht

park boş. Derin bir **nefes** alıyorum ve gülümsüyorum. Parkta yürürken gökyüzünde kayan bir yıldız görüyorum. O yıldızdan bir dilek tuttum ve yürümeye devam ettim. İşteki günümü ve ne kadar **huzurlu** olduğunu düşünüyorum. Böyle harika bir işe sahip olduğum için ne kadar şanslı olduğumu düşünerek kendi kendime gülümsüyorum. Eve doğru yürürken gecenin serin havasını tenimde **hissediyorum.** Kendimi çok canlı ve mutlu hissediyorum, huzurlu bir gecede eve yürümek gibi basit bir eylemin tadını çıkarıyorum. Kendimi çok iyi hissediyordum, **ıslık çalmaya** başladım. Sokakta birkaç kişinin yanından geçtim ama hepsi kendi işine bakıyordu.

Sokağımın köşesini döndüğümde komşumun kedisi Bay Whiskers'ın verandamda oturduğunu gördüm. Ona merhaba dedim ve o da miyavlayarak karşılık verdi. Kapımın **kilidini açtım** ve içeri girdim. Evde olduğum için çok mutluydum. Ayakkabılarımı çıkardım ve yatmak için hazırlandım. O gece yatağa mutlu ve minnettar bir şekilde, kalbim sevgiyle dolu olarak girdim. Gece boyunca mışıl mışıl uyudum, hiçbir şey için endişelenmedim. Dinlendirici bir uykudan uyandım ve penceremden içeri giren güneş beni **karşıladı.** Yataktan kalkıp gerindim, derin bir nefes aldım ve serin havanın ciğerlerime dolduğunu hissettim. Pencereme doğru yürüdüm ve kuşların cıvıltısını ve **sincapların** oyununu duyarak dışarı baktım.

kleurt **prachtig** oranje. Het park is leeg, behalve een paar vogels die in de bomen tjilpen. Ik haal diep **adem** en glimlach. Terwijl ik door het park loop, zie ik een vallende ster door de lucht scheren. Ik doe een wens op die ster, en loop verder. Ik denk aan mijn dag op het werk en hoe **vredig** het was. Ik glimlach in mezelf, denkend aan hoe gelukkig ik ben dat ik zo'n geweldige baan heb. Ik loop naar huis en **voel** de koele nachtlucht op mijn huid. Ik voel me zo levendig en gelukkig, gewoon genietend van de eenvoudige handeling van het naar huis lopen op een vredige avond.
Ik voelde me zo goed, dat ik begon te **fluiten**. Ik liep langs een paar mensen op straat, maar ze bemoeiden zich allemaal met hun eigen zaken.

Ik draaide de hoek van mijn straat om en zag de kat van mijn buren, Mr. Whiskers, op mijn veranda zitten. Ik zei hem gedag en hij miauwde terug. Ik **deed** mijn deur **van het slot** en ging naar binnen. Ik was zo blij om thuis te zijn. Ik trok mijn schoenen uit en maakte me klaar om naar bed te gaan. Ik ging die avond naar bed met een blij en dankbaar gevoel, mijn hart vol liefde. Ik sliep de hele nacht rustig door, zonder me ergens zorgen over te maken. Ik werd wakker uit een rustgevende slaap en werd **begroet** door de zon die door mijn raam naar binnen scheen. Ik stapte uit bed en rekte me uit, haalde diep adem en voelde hoe de koele lucht mijn longen vulde. Ik liep naar mijn raam en keek naar buiten, hoorde de vogels kwetteren en de **eekhoorns** spelen.

Anlama Soruları

1. Hikaye başladığında baş kahraman ne yapıyordu?

2. Kahraman eve yürürken ne düşünüyordu?

3. Kahraman okuldan sonra arkadaşlarıyla ne yapardı?

4. Kahraman o zamanlarla ilgili neleri özlüyor?

5. Kahraman mevcut yaşamı hakkında ne düşünüyor?

6. Kayan bir yıldız gördüklerinde kahraman ne yapar?

7. Kahraman eve yürürken nasıl hissediyor?

8. Kahraman eve döndüğünde ne yapıyor?

9. Ertesi sabah uyandıklarında kahraman nasıl hissediyor?

10. Kahraman ertesi gün ne yapıyor?

Begrip vragen

1. Wat was de hoofdpersoon aan het doen toen het verhaal begon?

2. Waar dacht de hoofdpersoon aan toen hij naar huis liep?

3. Wat deed de hoofdpersoon vroeger met vrienden na school?

4. Wat mist de hoofdpersoon van die tijd?

5. Wat vindt de hoofdpersoon van zijn huidige leven?

6. Wat doet de hoofdpersoon als hij een vallende ster ziet?

7. Hoe voelt de hoofdpersoon zich als ze naar huis lopen?

8. Wat doet de hoofdpersoon als ze thuiskomen?

9. Hoe voelt de hoofdpersoon zich als hij de volgende ochtend wakker wordt?

10. Wat doet de hoofdpersoon de volgende dag?

Kale

Aile her zaman **Almanya'**da eski bir kaleyi ziyaret etmek istemişti ve sonunda bu yolculuğa çıktılar. **Hayal kırıklığına** uğramadılar. Şato çok güzeldi ve birçok odasını ve koridorunu keşfetmekten keyif aldılar. Onları etkileyen ilk şey koku oldu. **Küf, rutubet ve tam olarak ne olduğunu anlayamadıkları** başka bir şey buldular. İkinci şey ise sesti. Taş duvarlar kalındır ama sesi tamamen kesmezler. Her ayak sesini, normal bir sesle söylenen her kelimeyi ve uzaklarda bir **yerlerde** ara sıra duyulan su damlasını duydular. Gözleri loş ışığa alıştığında, etraflarında devasa taş duvarların yükseldiğini, duvar halılarının parçalanmış bir şekilde sarktığını gördüler. Oyma sütunlarla desteklenen yüksek tavanlı büyük bir salonda duruyorlardı. Kulelerden görünen manzaraya da bayıldılar ve çocuklar arazide koşturarak harika vakit geçirdiler. Kaleyi keşfetmeyi bitirdiklerinde **güneş** batmaya başlamıştı ve bir el **feneri** getirmedikleri için pişman oldular. Girişe geri dönmeye karar verdiler ama kısa süre sonra kendilerini kaybolmuş buldular. Saatler gibi gelen bir süre boyunca etrafta dolaştılar, sonunda dışarı açılan bir kapıya rastladılar. Koridorun sonuna **ulaşana** kadar devam ettiler ve heybetli bir çift kapıya geldiler. Ne kadar deneseler de kapılar yerinden oynamıyordu. **Uğursuzca** takırdıyor ama bir milim bile

Het kasteel

De familie had altijd al eens een oud kasteel in **Duitsland** willen bezoeken, en eindelijk hebben ze de reis gemaakt. Ze werden niet **teleurgesteld**. Het kasteel was prachtig, en ze genoten van het verkennen van de vele kamers en gangen. Het eerste wat hen trof was de geur. Ze vonden **schimmel**, vochtigheid, en iets anders waar ze hun vinger niet op konden leggen. Het tweede was het geluid. Stenen muren zijn dik, maar ze dempen het geluid niet volledig. Ze hoorden elke voetstap, elk woord dat met een normale stem werd gesproken, en af en toe een druppeltje water **ergens** in de verte. Toen hun ogen zich aanpasten aan het zwakke licht, zagen zij overal om hen heen massieve stenen muren opdoemen, waaraan wandtapijten in flarden hingen. Ze stonden in een enorme hal met een hoog plafond, ondersteund door gebeeldhouwde pilaren. Ze hielden ook van het uitzicht vanaf de torentjes, en de kinderen vermaakten zich met rondrennen over het terrein. De **zon** begon al onder te gaan tegen de tijd dat ze klaar waren met het verkennen van het kasteel, en ze betreurden het dat ze geen **zaklamp** hadden meegenomen. Ze besloten om terug te gaan naar de ingang, maar al snel waren ze verdwaald. Ze dwaalden urenlang rond, tot ze eindelijk een deur tegenkwamen die naar buiten

kıpırdamıyorlardı. Görünüşe göre daha önce burada olan her kimse buradan geçmiş ve kapıları içeriden kilitlemiş olmalıydı. Sonunda bir çıkış yolu buldular. Serin gece havasına adım attıklarında içlerini bir rahatlama kapladı.

Güneş batmaya başlamıştı ve bir el feneri getirmedikleri için **pişman oldular.** Girişe geri dönmeye karar verdiler ama kısa süre sonra kendilerini kaybolmuş buldular. Saatler gibi gelen bir süre boyunca etrafta dolaştılar ve sonunda **dışarı** açılan bir kapıya rastladılar. Serin gece havasına adım attıklarında üzerlerine bir rahatlama çökmüş. Ertesi akşam, kalenin geri kalanını keşfederken yanlarına bir el feneri aldıklarından emin oldular. **Avludan** geçip **kale** duvarlarının arkasından akan nehre doğru yürüdüler. Etrafta dolaşırken garip sesler duymaya başladılar. Sanki biri onları takip ediyormuş gibiydi. Adımlarını hızlandırmışlar ama sesler daha da artmış ve yaklaşmış. Aile olabildiğince hızlı bir şekilde kaleye geri koşmuş ve **karanlık** pelerinli figürün onları takip etmediğini görünce rahatlamışlar.

leidde. Ze liepen door tot ze **aan het** eind van de gang kwamen bij een imposant stel dubbele deuren. Hoe ze ook probeerden, de deuren wilden niet bewegen. Ze rammelden **onheilspellend**, maar bewogen geen centimeter. Het leek erop dat degene die hier eerder was, hier doorheen was gegaan en ze van binnenuit had afgesloten. Uiteindelijk vinden ze een uitweg. Opluchting overspoelde hen toen ze naar buiten stapten in de koele nachtlucht.

De zon begon onder te gaan en zij **betreurden het** dat zij geen zaklamp hadden meegenomen. Ze besloten terug te gaan naar de ingang, maar al gauw waren ze verdwaald. Ze dwaalden urenlang rond, tot ze eindelijk een deur tegenkwamen die **naar buiten** leidde. Opluchting overviel hen toen ze naar buiten stapten in de koele nachtlucht. De volgende avond namen ze een zaklamp mee om de rest van het kasteel te verkennen. Ze liepen over de **binnenplaats** en naar de rivier die achter de kasteelmuren stroomde. Terwijl ze rondliepen, begonnen ze vreemde geluiden te horen. Het klonk alsof iemand hen volgde. Ze versnelden hun pas, maar de geluiden werden luider en dichterbij. De familie rende zo snel als ze konden terug naar het kasteel, en ze waren opgelucht toen ze zagen dat de figuur in de **donkere** mantel hen niet was gevolgd.

Anlama Soruları

1. Aile kalede kaybolduğunda ne yaptı?

2. Aile, ölenin sadece yerel bir adam olduğunu öğrendiğinde ne hissetti?

3. Adam ne yaptı da tutuklandı?

4. Adam için verilen ceza neydi?

5. Aile yürürken hangi gürültüyü duydu?

6. Aile onu gördüğünde karanlık pelerinli figür neredeydi?

7. Aile odalarına döndüklerinde ne yaptılar?

8. Aile kaleyi tekrar ne zaman keşfetmeye gitti?

9. Ailenin bir türlü anlam veremediği şey neydi?

10. Aile kaleyi tekrar keşfe çıkmadan önce ne yaptı?

Begrip vragen

1. Wat deed de familie toen ze verdwaald waren in het kasteel?

2. Hoe voelde de familie zich toen ze erachter kwamen dat het gewoon een lokale man was?

3. Wat heeft de man gedaan waardoor hij gearresteerd is?

4. Wat was de straf voor de man?

5. Welk geluid hoorde de familie tijdens de wandeling?

6. Waar was de figuur in de donkere mantel toen de familie hem zag?

7. Wat deed de familie toen ze terugkwamen in hun kamer?

8. Wanneer ging de familie het kasteel weer verkennen?

9. Wat was het ding waar de familie hun vinger niet op konden leggen?

10. Wat deed de familie voordat ze weer op verkenning gingen in het kasteel?

Benim Bahçem

Bahçem benim mutlu yerim. Yağmur çamur demeden her gün oraya gider ve bitkilerimle ilgilenerek vakit geçiririm. **Her şeyden** biraz **var-sebzeler,** meyveler, çiçekler, otlar. Hatta zararlıları uzak tutmaya yardımcı olan birkaç tavuğum bile var. Bahçedeki günlerime tavuklardan yumurta toplayarak başlıyorum. Sonra sebzelerimi kontrol ediyor, yeterince su ve güneş aldıklarından emin oluyorum. Yatakları ayıklıyorum ve bitkilere **saldırabilecek** böcekleri ayıklıyorum. **Her şey halledildikten** sonra arkama yaslanıp doğanın huzur ve sessizliğinin tadını çıkarıyorum.

Bahçemde vakit geçirmeyi her zaman sevmişimdir. Doğayla ve sunduğu tüm **güzelliklerle** çevrili olmanın verdiği bir şey var. Burayı çok huzurlu ve sakinleştirici bir yer olarak görüyorum. Sık sık bahçemde sadece dinlenerek ve manzaranın tadını çıkararak vakit geçiriyorum. Ayrıca bahçemde çalışmaktan ve bir şeyler yetiştirmekten de keyif alıyorum. Oldukça büyük bir bahçem var ve içinde çeşitli şeyler yetiştirmeyi seviyorum. Çiçekler, **sebzeler** ve otlar yetiştiriyorum. Ayrıca lezzetli elmalar, armutlar ve erikler üreten birkaç meyve ağacım var. Bir şeyler yetiştirmenin yanı sıra, bahçemde dolaşarak ve bahçemi evi olarak gören

Mijn tuin

Mijn tuin is mijn geluksplek. Ik ga er elke dag heen, regen of zonneschijn, en besteed tijd aan het verzorgen van mijn planten. Ik heb een beetje van **alles: groenten**, fruit, bloemen, kruiden. Ik heb zelfs een paar kippen die helpen het ongedierte op afstand te houden. Ik begin mijn dagen in de tuin met het rapen van eieren bij de kippen. Dan controleer ik mijn groenten en zorg ervoor dat ze genoeg water en zon krijgen. Ik wied de bedden en verwijder insecten die de planten kunnen **aanvallen**. Als **alles** is gedaan, leun ik achterover en geniet van de rust en stilte van de natuur.

Ik heb altijd graag tijd doorgebracht in mijn tuin. Er is iets met het omringd zijn door de natuur en al het **moois** dat zij te bieden heeft. Ik vind het een heel vredige en kalmerende plek. Ik breng vaak tijd door in mijn tuin, gewoon om te ontspannen en te genieten van het landschap. Ik geniet er ook van om in mijn tuin te werken en dingen te kweken. Ik heb een behoorlijk grote tuin, en ik kweek er graag **verschillende** dingen in. Ik kweek bloemen, **groenten** en kruiden. Ik heb ook een paar fruitbomen die heerlijke appels, peren en pruimen voortbrengen. Naast het kweken van dingen, vind ik het ook leuk om gewoon in mijn tuin

tüm farklı bitki ve hayvanlara **hayran kalarak** vakit geçirmekten de keyif alıyorum. **Bahçemi** sadece güzel değil aynı zamanda işlevsel bir yer haline getirmek için yıllar boyunca saatlerce çalıştım. Etrafta uçuşan kuşları izlemeyi ve şarkılarını dinlemeyi seviyorum. Hatta bazen bir kitap çıkarıyorum ve yarattığım tüm güzelliklerle çevriliyken bahçede kitap okuyorum. **Bahçecilik** benim tutkum ve bana çok keyif veriyor. Bahçemde geçirdiğim her gün güzel bir gün.

Yapmayı sevdiğim şeylerden biri yemek pişirmek, bu nedenle iyi stoklanmış bir bitki bahçesine sahip olmak benim için çok **önemli.** Kekik, fesleğen, kekik, biberiye, adaçayı ve lavanta bahçemde yetiştirmeyi sevdiğim bitkilerden sadece birkaçı, böylece kendim veya **misafirlerim için** yemek pişirirken bunları kullanabiliyorum. Bahçem söz konusu olduğunda benim için önemli olan bir diğer şey de bahçemin her yerinde bol miktarda renk olmasını sağlamak. Bu amaca ulaşmak için **güller,** zambaklar, papatyalar, laleler, impatienler, kadife çiçekleri gibi çok çeşitli çiçekler yetiştiriyorum. Çiçeklerle renk katmanın yanı sıra, bahçe boyunca farklı **dokular** kullanarak ilgi çekmeyi de seviyorum. Örneğin, yüksek ayçiçeklerinin altına eğrelti otları veya dikenli süs otlarının **yanına** hostalar ekebilirim. Hayatta başka ne olursa olsun, bahçemde çalışmak her zaman kendimi doğaya daha bağlı ve kendimle daha barışık hissetmeme yardımcı oluyor.

rond te lopen en de verschillende planten en dieren te bewonderen die er wonen. Ik heb in de loop der jaren vele uren besteed om van mijn **tuin** een plek te maken die niet alleen mooi is, maar ook functioneel. Ik kijk graag naar de vogels die rondfladderen en luister naar hun gezang. Soms haal ik zelfs een boek tevoorschijn en lees in de tuin terwijl ik omringd ben door al het moois dat ik heb gecreëerd. **Tuinieren** is mijn passie en het brengt me zoveel vreugde. Elke dag in mijn tuin is een goede dag.

Een van de dingen die ik graag doe is koken, dus een goed gevulde kruidentuin is erg **belangrijk** voor me. Tijm, basilicum, oregano, rozemarijn, salie en lavendel zijn slechts enkele van de kruiden die ik graag in mijn tuin kweek, zodat ik ze kan gebruiken bij het bereiden van maaltijden voor mezelf of voor **gasten**. Wat ik ook belangrijk vind in mijn tuin is dat er veel kleur in zit. Om dit doel te bereiken, kweek ik een grote verscheidenheid aan bloemen, waaronder **rozen**, lelies, madeliefjes, tulpen, impatiens, goudsbloemen, enz. Naast het toevoegen van kleur met bloemen, vind ik het ook leuk om verschillende **texturen te** gebruiken in de tuin. Zo plant ik bijvoorbeeld varens onder torenhoge zonnebloemen of hosta's **naast** stekelige siergrassen. Wat er verder ook aan de hand is in mijn leven, door in mijn tuin **te** werken voel ik me altijd meer verbonden met de natuur en in vrede met mezelf.

Anlama Soruları

1. Yazarın bahçesi nerede?

2. Yazarın kaç tavuğu var?

3. Yazar her gün bahçede ne yapıyor?

4. Yazar bahçeyi neden seviyor?

5. Yazar bahçeye hangi bitkileri ekiyor?

6. Bahçesinde birçok renk olması yazar için neden önemlidir?

7. Yazar bahçesine nasıl çeşitlilik getiriyor?

8. Yazar bahçesinde çalışırken kendini nasıl hissediyor?

9. Yazarın bahçesindeyken kendini bağlı hissetmesini sağlayan şey nedir?

10. Yazarın bahçesindeki her gün neden güzel bir gündür?

Begrip vragen

1. Waar is de tuin van de auteur?

2. Hoeveel kippen heeft de schrijver?

3. Wat doet de schrijver elke dag in de tuin?

4. Waarom houdt de auteur van de tuin?

5. Welke kruiden plant de auteur in de tuin?

6. Waarom is het belangrijk voor de auteur dat er veel kleuren in zijn tuin zijn?

7. Hoe brengt de auteur afwisseling in zijn tuin?

8. Hoe voelt de schrijver zich als hij in zijn tuin werkt?

9. Waardoor voelt de auteur zich verbonden als hij in zijn tuin is?

10. Waarom is elke dag in de tuin van de auteur een goede dag?

Alışverişe Gitmek

Alışveriş merkezine gitmeyi seviyorum. Etrafta dolaşmak ve tüm farklı mağazalara bakmak her zaman çok eğlencelidir. Alışveriş merkezinde herkes için bir şeyler var ve burası kıyafet, ayakkabı ve aksesuarlarda fırsat bulmak için her zaman harika bir yer. Alışveriş gezime **genellikle** alışveriş merkezinin ana **girişinden** yürüyerek başlıyorum. Oradan ilk olarak favori mağazalarıma yöneliyorum. Bu mağazaları inceledikten sonra etrafta dolaşır ve başka yerlerde indirim olup olmadığına bakarım. Alışverişlerimi yapmadan önce genellikle alışveriş merkezinde birkaç saat geçiririm. Alışveriş yaparken her zaman acele etmemeyi severim **çünkü tam olarak** istediğim şeyi aldığımdan emin olmak isterim. Ayrıca, bu şekilde daha eğlenceli oluyor!

Alışveriş merkezindeyken insanları izlemeyi her zaman çok **etkileyici** bulmuşumdur. Alışveriş yapma şekillerine bakarak bir insan hakkında gerçekten çok şey söyleyebilirsiniz. Bazı insanlar çok metodik ve acele etmiyor, bazıları ise ellerine **ne geçerse alıp** mümkün olduğunca hızlı bir şekilde kasaya yöneliyor. Ayrıca, herhangi bir ürüne bakmaktan çok cep telefonlarıyla konuşmak veya mesajlaşmakla ilgilenen alışverişçiler de vardır! Ne tür bir alışverişçi olursanız olun, aslında bir şey satın almasanız bile herkes vitrin alışverişinden

Gaan winkelen

Ik hou ervan om te gaan **winkelen** in het winkelcentrum. Het is altijd zo leuk om rond te lopen en naar alle verschillende winkels te kijken. Er is voor elk wat wils in het winkelcentrum, en het is altijd een geweldige plek om deals te vinden voor kleren, schoenen en accessoires. Ik begin mijn shoppingtrip meestal met een wandeling door de **hoofdingang** van het winkelcentrum. Van daaruit ga ik eerst naar mijn favoriete winkels. Na het bekijken van die winkels, loop ik rond en kijk of er een verkoop gaande is op andere plaatsen. Meestal ben ik wel een paar uur in het winkelcentrum voordat ik eindelijk mijn aankopen doe. Ik neem altijd graag mijn tijd als ik ga winkelen, **want** ik wil zeker weten dat ik **precies** krijg wat ik wil. Plus, het is gewoon leuker op die manier!

Ik vind het altijd zo **fascinerend** om mensen te kijken als ik in het winkelcentrum ben. Je kunt echt veel over een persoon vertellen door de manier waarop ze winkelen. Sommige mensen zijn heel methodisch en nemen hun tijd, terwijl anderen gewoon lijken te grijpen **wat** ze kunnen en zo snel mogelijk naar de kassa gaan. Er zijn ook shoppers die meer geïnteresseerd lijken te zijn in het praten op hun mobieltje of in sms'en dan in het bekijken van de koopwaar! Het maakt echter

hoşlanıyor gibi görünüyor. **Vitrinlerdeki** tüm o güzel şeylere bakmanın beni mutlu eden bir yanı var. Bazen gördüğüm **her şeyi alabilseydim** nasıl olurdu diye hayal kuruyorum! Sonuç olarak, alışveriş merkezinde alışveriş yaparak bir gün geçirmek en sevdiğim eğlencelerden biri. Rahatlamak ve gevşemek için harika bir yol, aynı zamanda biraz da egzersiz yapmış oluyorsunuz (eğer yeterince dolaşırsanız). Ayrıca, arada sırada kendinize yeni bir gömlek ya da ayakkabı almak **her zaman** güzeldir!

İşte **uzun** bir gün geçirdim ve nihayet kendime biraz zaman ayırabildim, bu yüzden alışveriş merkezine gitmeye karar verdim. **Önümüzdeki** sezon için yeni kıyafetlere ihtiyacım vardı. İçeri girer girmez tüm parlak ışıkları ve parlak vitrinleri gördüm. Önce en sevdiğim mağazaya yöneldim ve raflara göz atmaya başladım. Birkaç sevimli üst buldum ve onları soyunma odasında denedim. Aynada kendime bakarken yanımdaki soyunma odasına birinin girdiğini duydum. Sesinden iş arkadaşlarımdan biri olduğunu anladım. Merhaba dedik ve iş hakkında sohbet etmeye başladık. Birkaç dakika sonra ikimiz de işimizi bitirip **kendi** yolumuza gittik, ancak daha sonra tekrar karşılaştık. Sohbet etmeye devam ettik ve düşündüğümüzden daha fazla ortak noktamız olduğunu fark ettik.

niet uit wat voor soort shopper je bent, iedereen lijkt te genieten van window shopping - zelfs als je niet echt iets koopt. Er is gewoon iets aan het kijken naar al die mooie dingen in de **etalages** dat me gelukkig maakt. Soms fantaseer ik over hoe het zou zijn als ik me **alles** kon veroorloven wat ik zie! Al met al is een dagje winkelen in het winkelcentrum een van mijn favoriete bezigheden. Het is een geweldige manier om te ontspannen en tot rust te komen, terwijl je ook een beetje beweging krijgt (als je maar genoeg rondloopt). Bovendien is het **altijd** leuk om jezelf af en toe te trakteren op een nieuw shirt of een paar schoenen!

Ik had een **lange** dag op het werk en had eindelijk wat tijd voor mezelf, dus besloot ik te gaan winkelen in het winkelcentrum. Ik had wat nieuwe kleren nodig voor het **komende** seizoen. Zodra ik binnenkwam, zag ik al die felle lichten en glimmende etalages. Ik ging eerst naar mijn favoriete winkel en begon door de rekken te snuffelen. Ik vond een paar leuke topjes en paste ze in de kleedkamer. Terwijl ik mezelf in de spiegel bekeek, hoorde ik iemand de kleedkamer naast de mijne binnenkomen. Ik herkende zijn stem als een van mijn collega's. We zeiden hallo en begonnen te kletsen over het werk. Na een paar minuten waren we allebei klaar en gingen we onze **eigen** weg, maar later kwamen we elkaar weer tegen. We praatten verder en beseften dat we meer gemeen hadden dan we dachten.

Anlama Soruları

1. En çok nerede depolamayı seviyorsunuz?

2. Alışveriş merkezindeki favori mağazanız hangisi?

3. Alışveriş merkezinde genellikle ne kadar kalırsınız?

4. Alışveriş merkezinde çok zaman geçiren insanlar hakkında ne düşünüyorsunuz?

5. Alışveriş merkezinde yapmayı en çok sevdiğiniz şey nedir?

6. Hiç gerçekten ihtiyacınız olmadığı halde alışveriş merkezinden bir şey satın aldınız mı?

7. Alışveriş merkezinde çok istediğiniz ama çok pahalı olan bir şey gördüğünüzde nasıl tepki verirsiniz?

8. Hiç alışveriş merkezinde bir şey görüp kimin alacağını merak ettiniz mi?

9. Alışveriş merkezinde mağazalara bakmak yerine cep telefonlarıyla meşgul olan insanlar hakkında ne düşünüyorsunuz?

Begrip vragen

1. Waar sla je het liefst op?

2. Wat is je favoriete winkel in het winkelcentrum?

3. Hoe lang blijft u meestal in het winkelcentrum?

4. Wat vind je van mensen die veel tijd in het winkelcentrum doorbrengen?

5. Wat is uw favoriete bezigheid in het winkelcentrum?

6. Heb je ooit iets gekocht in het winkelcentrum terwijl je het niet echt nodig had?

7. Hoe reageert u als u in het winkelcentrum iets ziet dat u heel graag zou willen hebben, maar dat te duur is?

8. Heb je ooit iets in het winkelcentrum gezien en je afgevraagd wie het zou kopen?

9. Wat vindt u van mensen die in het winkelcentrum met hun mobieltje bezig zijn in plaats van naar de winkels te kijken?

Pazarda

Cumartesi sabahı erkenden uyanıyorum, çok kalabalık olmadan **pazara gitmeye** hevesliyim. Üzerime bir şeyler giyip kapıdan çıkıyorum ve yolda yeniden kullanılabilir çantalarımı alıyorum. Yürürken, önümüzdeki hafta için ne yapmak istediğimi planlamaya başlıyorum. En az bir kez sebze **kızartmak** istediğimi biliyorum, bu yüzden kaliteli sebzeler almam gerekecek. Ayrıca bir çorba ya da güveç yapmak istiyorum, bu yüzden biraz et de almam gerekecek. Oraya gittiğimde nelerin iyi göründüğüne bakmam gerekecek. Pazar sadece birkaç blok ötede ve şimdiden kurulan tezgahları ve etrafta dolaşan **insanları** görebiliyorum.

Pazara varıyorum ve doğruca sebze standına gidiyorum. Çeşitler çok güzel ve torbalarımı çeşitli **taze** ürünlerle dolduruyorum. Çiftçiyle biraz sohbet ediyorum ve bana bazı tarifler öneriyor. Onları denemek için heyecanlıyım. Alışveriş yaparken **çiftçilerle** sohbet ediyor, onları ve ürünlerini tanıyorum. İhtiyacım olan tüm sebzeleri aldıktan sonra et reyonuna geçiyorum. Ne almak istediğimden emin olmadığım için burada biraz daha tereddütlüyüm. Sonunda çok yönlü olduğu ve çeşitli yemeklerde kullanılabildiği için tavukta karar kılıyorum. Ayrıca otla beslenen sığır eti ve serbest gezen **tavuk** almaya dikkat ederek birkaç farklı et

Op de markt

Ik sta op zaterdagochtend vroeg op, popelend om naar de **markt te gaan** voordat het te druk wordt. Ik trek wat kleren aan en ga de deur uit, terwijl ik onderweg mijn herbruikbare tassen pak. Terwijl ik loop, begin ik te plannen wat ik de komende week wil maken. Ik weet dat ik minstens één keer groenten wil **roosteren**, dus ik moet wat groenten van goede kwaliteit kopen. Ik wil ook een soep of stoofpot maken, dus ik moet ook wat vlees kopen. Ik zal moeten kijken wat er goed uitziet als ik daar ben. De markt is maar een paar straten verderop, en ik zie de kraampjes al staan en de **mensen al rondlopen**.

Ik kom aan op de markt en ga meteen naar de groentekraam. Het aanbod is prachtig en ik vul mijn tassen met een verscheidenheid aan **verse** producten. Ik maak een praatje met de boer en hij raadt me een paar recepten aan. Ik ben enthousiast om ze uit te proberen. Ik maak een praatje met de **boeren** terwijl ik aan het winkelen ben en leer hen en hun producten kennen. Als ik alle groenten heb die ik nodig heb, ga ik naar de vleesafdeling. Ik aarzel een beetje, omdat ik niet zeker weet wat ik wil hebben. Uiteindelijk kies ik voor kip, omdat dat veelzijdig is en in allerlei gerechten kan worden gebruikt. Ik koop

parçası satın alıyorum. Kasap dost canlısı bir adamdı, uzun saatler çalışmasına rağmen her zaman neşeliydi. Hafta sonu planları hakkında benimle sohbet etmeden önce tavuk göğsümü ve bifteğimi paketledi. Ona veda ettim ve yoluma devam ettim. Süt ürünleri reyonundan da biraz yumurta ve peynir aldım.

Pazar insanlarla dolup **taşıyordu**, hepsi de sunulan taze ürün ve etlerden almak için sabırsızlanıyordu. Hava sarımsak ve soğan kokusuyla doluydu ve kahkaha ve sohbet sesleri havayı dolduruyordu. Kalabalığın arasından geçerek haftalık alışverişim için ihtiyacım olan diğer ürünleri seçtim. Kasaya gitmeden önce **sepetimi** meyve ve sebze, makarna ve ekmekle doldurdum. Kuyruk uzundu ama çabuk ilerledi. Nihayet son alışveriş **de yapılmıştı** ve eve gitme vakti gelmişti. Araba yüklendi ve eve dönüş yolu uzun ve sıkıcıydı. Trafik yoğun ve sıcak bunaltıcıydı. Sonunda araba garaj yoluna girdi ve rahatlama hissediliyordu. Ev serin ve sessizdi ve pazarın koşuşturmacasından sonra bir sığınak gibiydi. Her şey kaldırılmıştı ve ev kısa sürede her zamanki huzur ve sessizliğine geri dönmüştü. Kendim ve ailem için **lezzetli** yemekler yapmak için ihtiyacım olan her şeye sahiptim. Evde olmak güzeldi.

ook een paar verschillende stukken vlees, en zorg ervoor dat ik grasgevoerd rundvlees en **scharrelkip koop**. De slager was een vriendelijke man, altijd vrolijk ondanks de lange uren die hij werkte. Hij pakte mijn kippenborst en biefstuk in voordat hij met me praatte over zijn weekendplannen. Ik nam afscheid van hem en vervolgde mijn weg. Ik heb ook nog wat eieren en kaas meegenomen uit de zuivelafdeling.

Het krioelde van de mensen op de markt, die allemaal stonden te popelen om de verse producten en het vlees dat werd aangeboden in **handen te** krijgen. De lucht hing vol met de geur van knoflook en uien, en het geluid van gelach en gesprekken vulde de lucht. Ik baande me een weg door de menigte en zocht de andere dingen uit die ik nodig had voor mijn wekelijkse boodschappen. Ik vulde mijn **mandje** met fruit en groenten, pasta en brood, voordat ik naar de kassa ging. De rij was lang, maar het ging snel. Eindelijk waren de laatste **boodschappen** gedaan, en was het tijd om naar huis te gaan. De auto werd volgeladen, en de rit naar huis was lang en moeizaam. Het verkeer was druk en de hitte was drukkend. Eindelijk reed de auto de oprit op en de opluchting was voelbaar. Het huis was koel en stil, en het was een oase na de drukte van de markt. Alles werd opgeborgen, en het huis was al snel weer in zijn gebruikelijke rust en stilte. Ik had alles wat ik nodig had om **heerlijke** maaltijden te maken voor mezelf en voor mijn gezin. Het was goed om thuis te zijn.

Anlama Soruları

1. Kişi nereye gidiyor?

2. Kişi ne satın almak istiyor?

3. Kişinin kaç çantası var?

4. Pazar ne kadar uzakta?

5. Kişi şu anda ne yapıyor?

6. Piyasadaki her şey nedir?

7. Pazarda kaç kişi var?

8. Kişinin her şeyi satın alması ne kadar sürdü?

9. Kişi evine nasıl gitti?

10. Kişi eve gittiğinde ne yaptı?

Begrip vragen

1. Waar gaat de persoon heen?

2. Wat wil de persoon kopen?

3. Hoeveel tassen heeft de persoon?

4. Hoe ver weg is de markt?

5. Wat doet de persoon op dit moment?

6. Wat is alles op de markt?

7. Hoeveel mensen zijn er op de markt?

8. Hoe lang heeft de persoon erover gedaan om alles te kopen?

9. Hoe is de persoon naar huis gegaan?

10. Wat deed de persoon toen hij of zij thuiskwam?

Bir Kafede

Serin bir **sonbahar** sabahıydı ve arkadaşım Lily ile en sevdiğimiz kafede buluşup bir kahve içmek için sözleşmiştik. Paltom ve atkımla sıcacık sarındım ve yola koyuldum. Ağaçlardan yapraklar dökülüyordu ve havada bir ısırık vardı ama güneş parlıyordu ve güzel bir gün olacağa benziyordu. Yürürken Lily gibi bir arkadaşa sahip olmanın ne kadar güzel olduğunu **düşündüm. Üniversitede** tanıştığımızdan beri yıllardır arkadaştık. Kahve sevgimiz ve kafelerde sohbet ederek vakit geçirmemiz sayesinde birbirimize bağlanmıştık. Artık şehrin farklı yerlerinde yaşıyor olsak da haftada bir kahve içmek için buluşmayı başarıyorduk. Kafeye vardığımda Lily çoktan orada beni bekliyordu. Birbirimize sarılıp selamlaştık ve kahvelerimizi sipariş ettik. Pencere kenarında bir masa bulduk ve sohbet etmek için yerleştik. **Kahve** her zamanki gibi çok lezzetliydi ve Lily ile hasret gidermek çok güzeldi. Haftamız, işlerimiz ve gelecek planlarımız hakkında konuştuk. Lily ile konuşmak her zaman çok kolaydı ve ona her şeyi anlatabileceğimi hissediyordum. Bir süre sonra acıkmaya başladık ve yemek sipariş etmeye **karar verdik.**

Yemeğimizi **sipariş** ettik ve cam kenarında bir koltuk bulduk. Güneş pencereden içeri giriyor, her şeyi sıcak

In een café

Het was een kille **herfstochtend** en ik had met mijn vriendin Lily afgesproken in ons favoriete café voor een kopje koffie. Ik wikkelde me warm in mijn jas en sjaal en ging op weg. De bladeren vielen van de bomen en de lucht was een beetje fris, maar de zon scheen en het beloofde een mooie dag te worden. Terwijl ik liep, **dacht** ik aan hoe goed het was om een vriendin als Lily te hebben. We waren al jaren vriendinnen, sinds we elkaar op de **universiteit** ontmoetten. We kregen een band door onze voorliefde voor koffie en het kletsen in cafés. Ook al woonden we nu in verschillende delen van de stad, we kwamen nog steeds één keer per week samen om koffie te drinken. Ik kwam aan bij het café, en Lily zat daar al op me te wachten. We omhelsden elkaar en bestelden onze koffie. We vonden een tafeltje bij het raam en gingen zitten kletsen. De **koffie** was heerlijk, zoals altijd, en het was zo leuk om bij te praten met Lily. We spraken over onze week, onze banen, en onze plannen voor de toekomst. Het was altijd zo makkelijk om met Lily te praten, en ik had het gevoel dat ik haar alles kon vertellen. Na een tijdje begonnen we honger te krijgen en **besloten we** wat eten te bestellen.

We **bestelden** ons eten en zochten een plaatsje bij het raam. De zon scheen door het raam naar binnen,

ve mutlu hissettiriyordu. Yemeğimizi yerken sohbet ettik, birbirimize **eşlik etmenin** basit zevkinin tadını çıkardık. Kafe kalabalıktı ama kalabalık hissettirmiyordu. Havada bir huzur ve memnuniyet hissi vardı. Yemeğimizi bitirdikten sonra bir süre daha oturduk ve huzurlu **atmosferin** tadını çıkardık. Bir süre hayatlarımızda olup biten farklı şeyler hakkında konuştuk. Arkadaşımla hasret gidermek ve **rahatlamak** çok güzeldi. Pencereden güneş parlıyordu ve **hiçbir şey** mükemmel günümüzü mahvedemezmiş gibi hissediyorduk.

Birden büyük bir gürültü duydum. Arkamı döndüğümde bir adamın tavandan düştüğünü ve önümüzde yerde yattığını gördüm. Üstü **başı** toz ve moloz içindeydi ve baygın görünüyordu. Yerde yatan adama bakarken arkadaşım da ben de şok içindeydik. Ne yapacağımızı ya da yardım için kimi arayacağımızı bilmiyorduk. Ne yapacağımızı bilmeden öylece oturup ona baktık. Birkaç dakika sonra kendime geldim ve 911'i aradım. Operatör bana birinin yakında orada olacağını söyledi. Telefonu kapattım ve arkadaşıma **operatörün** söylediklerini anlattım. İkimiz de orada oturup yardımın gelmesini bekledik. Sonsuza kadar sürecekmiş gibi geldi ama sonunda bir ambulans geldi. Sağlık görevlileri aceleyle içeri girdiler ve adam üzerinde çalışmaya başladılar.

waardoor alles warm en gelukkig aanvoelde. We babbelden terwijl we ons eten aten, en genoten van het simpele plezier om in elkaars **gezelschap** te zijn. Het was druk in het café, maar het voelde niet druk aan. Er hing een gevoel van vrede en tevredenheid in de lucht. Toen we ons eten op hadden, bleven we nog een tijdje zitten, genietend van de vredige **sfeer**. We praatten een tijdje over verschillende dingen die in ons leven waren gebeurd. Het was zo fijn om bij te praten met mijn vriend en gewoon **te ontspannen**. De zon scheen door het raam, en het voelde alsof **niets** onze perfecte dag kon verpesten.

Plotseling hoorde ik een harde klap. Ik draaide me om en zag dat een man door het plafond was gevallen en voor ons op de grond lag. Hij was **bedekt** met stof en puin en leek bewusteloos te zijn. Mijn vriend en ik waren allebei in shock toen we naar de man staarden die op de grond lag. We wisten niet wat we moesten doen of wie we moesten bellen voor hulp. We zaten daar gewoon naar hem te staren, niet wetend wat te doen. Na een paar minuten kwam ik bij en belde 911. De telefoniste zei me dat er zo iemand zou komen. Ik hing de telefoon op en vertelde mijn vriend wat de **telefoniste** had gezegd. We zaten daar allebei te wachten tot er hulp kwam. Het leek wel een eeuwigheid, maar uiteindelijk **kwam** er een ambulance. De ambulancebroeders snelden naar binnen en begonnen met de man te werken.

Anlama Soruları

1. Çatıdan düşen adam nereden geliyor?

2. Kadın neden arkadaşıyla birlikte kafede?

3. İki arkadaşın en sevdiği kafe hangisi?

4. İki arkadaş birbirlerini ne kadar zamandır tanıyorlar?

5. İki arkadaşın en sevdiği içecek nedir?

6. İki arkadaş hangi şehirde yaşıyor?

7. İki arkadaş ne sıklıkla buluşuyor?

8. İki arkadaş en sevdikleri kafede ilk karşılaştıklarında ne hakkında konuşurlar?

9. İki arkadaşın en sevdiği yemek nedir?

10. Lily ile konuşmak neden bu kadar kolay?

Begrip vragen

1. Waar komt de man vandaan die door het dak valt?

2. Waarom is de vrouw met haar vriendin in het café?

3. Wat is het favoriete café van de twee vrienden?

4. Hoe lang kennen de twee vrienden elkaar al?

5. Wat is het favoriete drankje van de twee vrienden?

6. In welke stad wonen de twee vrienden?

7. Hoe vaak ontmoeten de twee vrienden elkaar?

8. Waar hebben de twee vrienden het over als ze elkaar voor het eerst ontmoeten in hun favoriete café?

9. Wat is het lievelingseten van de twee vrienden?

10. Waarom is het zo makkelijk om met Lily te praten?

Yüzmeye Gidiyoruz

Havuz her zaman **ferahlatıcı bir** yer olmuştur ve bugün de durum farklı değildi. Güneş parlıyordu ve su davetkâr görünüyordu. Derin bir nefes aldım ve suyun serin kucağını hissederek daldım. Bir süre turlar atarak yüzdüm, egzersizin ve kafamı boşaltma fırsatının tadını çıkardım. Bir süre sonra çıktım ve kurulandım, ardından güneşin altında dinlenmek için bir havlunun üzerine oturdum. Gözlerimi kapattım ve kaslarımın gevşemeye başladığını hissederek **sıcaklığın üzerimden geçmesine** izin verdim. Birden bir su sesi duydum ve gözlerimi açtığımda küçük kız kardeşimin sığlıkta **kürek çektiğini** gördüm. Gülümsedim ve bir süre onu izledim, sonra ayağa kalktım ve ona doğru yürüdüm. Biraz sohbet ettik ve birbirimizin arkadaşlığından keyif alarak birlikte kürek çektik. Çok geçmeden ailelerimiz de bize katıldı ve öğleden sonranın geri kalanını birlikte yüzerek ve oyunlar oynayarak geçirdik. Havuzda ailece vakit geçirmek her zaman çok güzeldi. Suyun içinde olmanın insanları bir araya getiren **bir yanı** var. Belki de suyun içindeyken hepimiz eşit olduğumuz içindir - kusurlarımızı saklayamayız veya olmadığımız bir şeymiş gibi davranamayız. Ya da belki sadece eğlenceli olduğu içindir! Sebep her **ne olursa olsun,** böylesine özel bir yerde bir araya gelebildiğimiz ve birbirimizin arkadaşlığından keyif alabildiğimiz için çok mutluydum.

Gaan zwemmen

Het zwembad was altijd een **verfrissende** plek om te zijn, en vandaag was dat niet anders. De zon scheen en het water zag er uitnodigend uit. Ik haalde diep adem en dook erin, de koele omhelzing van het water voelend. Ik zwom een tijdje baantjes, genoot van de beweging en de kans om mijn hoofd leeg te maken. Na een tijdje kwam ik eruit en droogde me af, waarna ik op een handdoek ging zitten om te relaxen in de zon. Ik sloot mijn ogen en liet de **warmte** over me heen spoelen, ik voelde mijn spieren ontspannen. Plotseling hoorde ik een plons en ik opende mijn ogen om mijn kleine zusje te zien **poedelen** in het ondiepe gedeelte. Ik glimlachte en keek een tijdje naar haar, stond toen op en liep naar haar toe. We kletsten wat en peddelden samen wat rond, genietend van elkaars gezelschap. Al snel kwamen onze ouders erbij, en we brachten de rest van de middag zwemmend en spelend door. Het was altijd zo leuk om tijd met de familie in het zwembad door te brengen. Er is **iets** met in het water zijn dat mensen samenbrengt. Misschien is het omdat we allemaal gelijk zijn als we in het water zijn - we kunnen onze gebreken niet verbergen of doen alsof we iets zijn wat we niet zijn. Of misschien is het gewoon omdat het leuk is! **Wat** de reden ook is, ik was gewoon blij dat we allemaal bij elkaar konden komen en van elkaars gezelschap

Güneş tenimi dövüyordu ve havada klor kokusu vardı. Havuzda gülüşen ve su sıçratan çocukların seslerini duyabiliyordum. Havuzun yanındaki bir **şezlonga** uzanmış, güneşi içime çekiyor ve günün **tadını** çıkarıyordum. Gözlerim kapalıydı ve tam uykuya dalmak üzereydim ki birinin bana doğru yürüdüğünü duydum. Gözlerimi açtım ve yanımda duran bir kadın gördüm. Bikini giymişti ve beline bir havlu sarmıştı. Uzun sarı saçları ve mavi gözleri vardı. Elinde bir şişe **güneş kremi** tutuyordu. "Sırtınıza biraz güneş kremi sürmemin sakıncası var mı?" diye sordu. "Hayır, sorun değil" dedim, sırtıma uzanabilmesi için doğruldum. Güneş kremini sürerken ellerini tenimde hissettim.

Dokunuşu nazikti ve güneş kreminin kokusu yatıştırıcıydı. Gözlerimi tekrar kapattım ve kendimi rahatlamaya bıraktım. Onun hareket etme **sesini** duyabiliyordum ama gözlerimi açmadım. Güneşin altında öylece uzanmış, kıyıya **vuran** dalgaların sesini dinliyordum. Birkaç dakika sonra uzaklaştı ve ben de gözlerimi açtım. Şezlonguna geri dönüp kitabını alırken onu izledim. Sandalyesine yerleşti ve okumaya başladı. Gözlerimi tekrar kapattım ve kendimi uykuya bıraktım.

konden genieten op zo'n speciale plek.

De zon scheen op mijn huid en de geur van chloor hing in de lucht. Ik kon de geluiden horen van lachende kinderen die in het zwembad spetterden. Ik lag op een ligstoel naast het zwembad, te genieten van de zon en **de** dag. Ik had mijn ogen gesloten en wilde net in slaap vallen toen ik iemand naar me toe hoorde lopen. Ik opende mijn ogen en zag een vrouw naast me staan. Ze droeg een bikini en had een handdoek om haar middel gewikkeld. Ze had lang blond haar en blauwe ogen. Ze hield een fles **zonnebrandcrème** in haar hand. "Vind je het erg als ik wat zonnebrandcrème op je rug smeer?" vroeg ze. "Nee, dat hoeft niet," zei ik, terwijl ik rechtop ging zitten zodat ze bij mijn rug kon. Ik voelde haar handen op mijn huid terwijl ze de zonnebrandcrème aanbracht.

Haar aanraking was zacht en de geur van de zonnebrandcrème was kalmerend. Ik sloot mijn ogen weer en liet me ontspannen. Ik kon het **geluid** van haar bewegingen horen, maar ik opende mijn ogen niet. Ik was tevreden met het feit dat ik daar in de zon lag, luisterend naar het geluid van de golven **die** tegen de kust sloegen. Na een paar minuten liep ze weg, en ik opende mijn ogen. Ik keek naar haar terwijl ze terugliep naar haar ligstoel en haar boek oppakte. Ze nestelde zich in haar stoel en begon te lezen. Ik sloot mijn ogen weer en liet me wegdrijven in slaap.

Anlama Soruları

1. Anlatıcı hikayeye başladığında neredeydi?

2. Anlatıcı gözlerini açtığında ne kokuyor?

3. Anlatıcı gözlerini açtığında ne duyuyor?

4. Kadın anlatıcıya kimin güneş kremini veriyor?

5. Anlatıcı ne hakkında rüya görüyor?

6. Denizde yüzmek anlatıcı için neden bu kadar özeldir?

7.Anlatıcının içinde yüzdüğü su nasıl hissettiriyor?

8. Anlatıcı sudan çıktığında ne görüyor?

9. Kadın güneş kremini anlatıcıya sürdükten sonra ne yapıyor?

10. Anlatıcı ve kadın öykünün sonunda ne hakkında konuşuyorlar?

Begrip vragen

1. Waar was de verteller toen hij het verhaal begon?

2. Wat ruikt de verteller als hij zijn ogen opent?

3. Wat hoort de verteller als hij zijn ogen opent?

4. Van wie is de zonnebrandcrème die de vrouw aan de verteller geeft?

5. Waar droomt de verteller over?

6. Waarom is zwemmen in de zee zo speciaal voor de verteller?

7. Hoe voelt het water aan waarin de verteller zwemt?

8. Wat ziet de verteller als hij uit het water komt?

9. Wat doet de vrouw nadat ze de verteller heeft ingesmeerd met zonnebrandcrème?

10. Waarover praten de verteller en de vrouw aan het eind van het verhaal?

Çim Biçme

Bir yaz **Cumartesi** günü saat sabahın 10'u ve güneş çoktan acımasızca vurmaya başlamış. Çim biçme makinesini almak için garaja gidiyorsunuz, kendinizi ağır işlerde çalışmaya **mahkum edilmiş** gibi hissediyorsunuz. Çimleri biçmeye başlıyorsunuz, hiçbir noktayı kaçırmamak için yavaş gittiğinizden emin oluyorsunuz. Biçerken, dışarıda temiz havada olmanın ne kadar iyi hissettirdiğini düşünüyorsunuz. Çim biçme makinesini çimlerin üzerinde ileri geri itmeye başladığınızda, **göz ucuyla** komşunuzu görüyorsunuz. El sallayıp selam veriyorsunuz ve o da size el sallıyor.

Birkaç dakika sonra işiniz bitiyor ve ön bahçede bir bira içmek için komşunuzun evine gidiyorsunuz. **Mükemmel** bir gün; çok sıcak değil, hafif bir meltem esiyor. Ağacın gölgesinde oturup biranızı yudumluyor ve komşunuzla sohbet ediyorsunuz. İşte böyle günler yaz mevsiminin kıymetini bilmenizi sağlar. Sonra hak ettiğiniz bir bira için içeri giriyorsunuz. Ön verandada bir sandalyeye çöküp kutuyu açıyorsunuz ve memnun bir iç çekiş yapıyorsunuz. Siz gölgede dinlenip anın **huzurunun** tadını çıkarırken çim biçme makinesinin sesi arka planda kayboluyor. Sıcakta o kadar çalıştıktan sonra

Het maaien van het gazon

Het is 10 uur 's ochtends op een zomerse **zaterdag**, en de zon schijnt al ongenadig. Je sjokt naar de garage om de grasmaaier te halen, met het gevoel dat je **veroordeeld bent** tot dwangarbeid. Je begint het gazon te maaien, en zorgt ervoor dat je het rustig aan doet, zodat je niets over het hoofd ziet. Terwijl je aan het maaien bent, denk je aan hoe goed het voelt om buiten in de frisse lucht te zijn. Terwijl u de maaier heen en weer over het gazon duwt, ziet u uw buurman vanuit uw **ooghoek**. Je zwaait en zegt hallo, en hij zwaait terug.

Na een paar minuten ben je klaar, en je gaat naar het huis van je buurman om met hem een biertje te drinken in de voortuin. Het is een **perfecte** dag - niet te warm, met een zacht briesje. Je zit daar in de schaduw van de boom, nipt van je biertje en kletst wat met je buurman. Het zijn dagen als deze die je de zomer doen waarderen. Dan **ga** je naar binnen voor een welverdiend biertje. Je ploft neer in een stoel op de veranda, trekt het blikje open en slaakt een tevreden zucht. Het geluid van de maaier verdwijnt naar de achtergrond terwijl je in de schaduw ontspant en geniet van de **rust** van het moment. Het bier smaakt extra

biranın tadı daha da güzelleşiyor. Tam içeri girmek üzereydim ki yan odadan bir ses duydum.

Sanki biri ağlıyor **gibiydi.** Biçmeyi bıraktım ve bahçelerimizi ayıran çite doğru yürüdüm. Baktım ve komşum Bayan Johnson'ın verandadaki salıncağında ağladığını gördüm. Ona seslendim ama beni duymadı. Çitin üzerinden tırmandım ve ona doğru yürüdüm. "Bayan Johnson, iyi misiniz?" diye sordum. Gözlerinde yaşlarla bana baktı ve başını salladı. "Hayır, iyi değilim," dedi. "Kedim dün öldü." Şok olmuştum. Ne diyeceğimi bilemedim. Ne yapacağımı bilmeden öylece durdum. Sonunda elimi **omzuna** koydum ve "Çok üzgünüm Bayan Johnson. Yardımcı olabileceğim bir şey olursa lütfen bana haber verin. " Başını salladı ve "Hayır, kimsenin yapabileceği bir **şey yok"** dedi. Sonra ayağa kalktı ve evine girdi. Ne yapacağımı bilemeden bir süre orada durdum. Sonra çimlerimi biçmeye geri döndüm. İşimi bitirdiğimde Bayan Johnson ve kedisini düşünmeden edemedim.

goed na al dat harde werk in de hitte. Ik stond op het punt om naar binnen te gaan toen ik een geluid hoorde bij de buren.

Het **klonk** alsof iemand huilde. Ik stopte met maaien en liep naar het hek dat onze tuinen scheidde. Ik keek om en zag mijn buurvrouw, mevrouw Johnson, huilen op haar schommelbank. Ik riep naar haar, maar ze hoorde me niet. Ik klom over het hek en liep naar haar toe. “Mevrouw Johnson, is alles goed met u?” vroeg ik. Ze keek met tranen in haar ogen naar me op en schudde haar hoofd. “Nee, het gaat niet goed met me,” zei ze. “Mijn kat is gisteren gestorven.” Ik was geschokt. Ik wist niet wat ik moest zeggen. Ik stond daar maar wat ongemakkelijk, niet wetend wat ik moest doen. Uiteindelijk legde ik mijn hand op haar **schouder** en zei: “Het spijt me zo, mevrouw Johnson. Als er iets is wat ik kan doen om te helpen, laat het me alsjeblieft weten. “Ze schudde haar hoofd en zei: Nee, er is **niets** dat iemand kan doen. Toen stond ze op en ging haar huis binnen. Ik stond daar een ogenblik, niet wetend wat te doen. Toen ging ik verder met het maaien van mijn gazon. Toen ik klaar was, moest ik denken aan mevrouw Johnson en haar kat.

Anlama Soruları

1. Saat kaç oldu?

2. Biçen kişi nerede?

3. Kişi nasıl hissediyor?

4. Kişi neden yavaş biçmek zorunda?

5. Nasıl bir hava var?

6. Biçme işleminden sonra kişi ne yapıyor?

7. Kişi eve gitmeden önce ne duyuyor?

8. Bayan Johnson'ın yanında kim var?

9. Bayan Johnson neden ağlıyor?

10. Kişi Bayan Johnson'a ne söylüyor?

Begrip vragen

1. Hoe laat is het?

2. Waar is de persoon aan het maaien?

3. Hoe voelt de persoon zich?

4. Waarom moet de persoon langzaam maaien?

5. Wat voor weer is het?

6. Wat doet de persoon na het maaien?

7. Wat hoort de persoon voordat hij naar huis gaat?

8. Wie is er bij Mrs Johnson?

9. Waarom huilt Mrs Johnson?

10. Wat zegt de persoon tegen Mrs. Johnson?

Saç Kesimi Yaptırmak

Haftalardır saçlarımı kestirmek istiyordum ama bir şekilde hep ertelemeyi başarıyordum. Ama **Noel yaklaşırken,** bunu daha fazla erteleyemeyeceğimi biliyordum. Ailemin Noel yemeğine dağınık bir şekilde gitmek istemiyordum. Böylece Noel sabahı erkenden kuaföre gittim. Saat erken olmasına rağmen, salon tatil için saçlarını yaptıran diğer insanlarla çoktan dolmuştu. Sıradaki yerimi aldım ve sıramı bekledim. Nihayet sıra bana geldi. Jill adında güler yüzlü bir kadın olan stilist bana ne istediğimi sordu. "Sadece bir düzeltme, çok sert bir şey değil," diye cevapladım. Jill işe koyuldu ve saçımı kesmeye başladı. O çalıştıkça ben de rahatlamaya başladım. Sonunda kendime bakıyor olmak iyi hissettiriyordu. Son zamanlarda herkesle ilgilenmekle o kadar meşguldüm ki, kendi ihtiyaçlarımı bir kenara bırakmıştım. Ama **artık öyle olmayacaktı**. Şu andan itibaren kendime zaman ayıracaktım.

Jill işini bitirdiğinde aynaya baktım ve gördüklerimden memnun kaldım. Saçlarım derli toplu ve cilalı görünüyordu - tatil toplantıları için mükemmeldi. Jill'e **teşekkür** ettim ve daha sık gelmek için aklıma bir not aldım. Şu andan itibaren, her şeyden önce

Naar de kapper

Ik wilde al weken naar de kapper, maar op de een of andere manier kon ik het steeds uitstellen. Maar met **Kerstmis voor de deur**, wist ik dat ik het niet langer kon uitstellen. Ik wilde niet op het kerstdiner van mijn familie verschijnen als een smerige puinhoop. Dus, vroeg op kerstochtend, ging ik naar de salon. Hoewel het nog vroeg was, was de salon al druk bezig met andere mensen **die** hun haar lieten doen voor de feestdagen. Ik nam plaats in de rij en wachtte op mijn beurt. Eindelijk was het mijn beurt in de stoel. De styliste, een vriendelijke vrouw die Jill heette, vroeg me wat ik wilde. "Gewoon een knipbeurt, niets te drastisch," antwoordde ik. Jill ging aan de slag en knipte mijn haar weg. Terwijl ze werkte, begon ik te ontspannen. Het voelde goed om eindelijk voor mezelf te zorgen. Ik had het de laatste tijd zo druk gehad met voor iedereen te zorgen, dat ik mijn eigen behoeften aan de kant had laten liggen. Maar **nu** niet **meer**. Van nu af aan, zou ik tijd voor mezelf maken.

Toen Jill klaar was, keek ik in de spiegel en was blij met wat ik zag. Mijn haar zag er netjes en gepolijst uit-perfect voor vakantie bijeenkomsten. Ik **bedankte**

kendime bakacağım. Saçımı kesmek için işe koyuldu. Sonunda saçlarımı kestirebildiğim için ne kadar minnettar olduğumu düşündüm. Noel **yemeği için şık** görüneceğimi bilmek iyi hissettiriyordu. Artık ailemin "dağınık" görünümümle alay etmesinden endişe etmeme gerek kalmayacaktı. Birkaç dakika sonra kuaför saçımı kesmeyi bitirdi ve bana hızlı bir fön çekti. Aynaya baktım ve gördüğümden memnun kaldım - Noel yemeği için mükemmel olacak temiz kesimli bir görünüm. Saç kesimim aradan çıktığına göre artık ailemle birlikte tatilin tadını çıkarmaya odaklanabilirdim. Ve bunun için daha da minnettardım.

Kendimi çok **özgür** hissettim ve yeni saç kesimimin görünüşüne bayıldım. Saç kesimimin parasını ödedikten sonra eve gittim ve seyahatim için hazırlanmaya başladım. Yeni görünümümü aileme ve arkadaşlarıma göstermek için **sabırsızlanıyordum.** Beni gördüklerinde şaşıracaklarını biliyordum. Uçuşumun olduğu gün, bolca zaman ayırarak havaalanına vardım. Güvenlikten sorunsuz bir şekilde geçtim ve kısa süre sonra yola koyuldum. Gideceğim yere varır varmaz havadaki heyecanı hissedebiliyordum.

Jill en maakte een notitie om vaker terug te komen. Van nu af aan zal ik in de eerste plaats voor mezelf zorgen. Ze begon aan mijn haar te knippen. Ik dacht eraan hoe dankbaar ik was dat ik er eindelijk aan toe was gekomen om mijn haar te laten knippen. Het voelde goed om te weten dat ik er toonbaar uit zou zien voor **het kerstdiner**. Ik hoefde me geen zorgen meer te maken dat mijn familie me zou plagen over mijn "smerige" uiterlijk. Na een paar minuten was de styliste klaar met het knippen van mijn haar en föhnde ze me snel. Ik keek in de spiegel en was blij met wat ik zag: een strak geknipt kapsel dat perfect zou zijn voor het kerstdiner. Nu mijn kapsel achter de rug was, kon ik me concentreren op de feestdagen met mijn gezin. En daar was ik nog dankbaarder voor.

Het voelde zo **bevrijdend**, en ik hield van de manier waarop mijn nieuwe kapsel eruit zag. Nadat ik voor mijn kapsel had betaald, ging ik naar huis en begon ik in te pakken voor mijn reis. Ik **kon niet** wachten om mijn nieuwe look aan mijn familie en vrienden te tonen. Ik wist dat ze verrast zouden zijn als ze me zouden zien. Op de dag van mijn vlucht kwam ik ruim op tijd aan op de luchthaven. Ik ging zonder problemen door de beveiliging en al snel was ik op weg. Zodra ik op mijn bestemming aankwam, kon ik de opwinding in de lucht voelen.

Anlama Soruları

1. Kahramanın Noel'den önce ne yapması gerekiyordu?

2. Kahraman kendine bakma konusunda nasıl hissediyordu?

3. Kahramanın saçını kim kesti?

4. Kahramanın ailesi neden onunla alay edecekti?

5. Kahraman saçını kestirdikten sonra nasıl hissetti?

6. Kahraman saçını kestirdikten sonra ne yaptı?

7. Kahramanın ailesinin saç kesimine tepkisi ne oldu?

8. Kahraman Noel arifesinde ne yapmıştır?

9. Kahramanın deneyimini daha özel kılan neydi?

10. Kahraman saçını kestirmezse ne olur?

Begrip vragen

1. Wat moest de hoofdpersoon doen voor Kerstmis?

2. Hoe vond de hoofdpersoon het om voor zichzelf te zorgen?

3. Wie heeft het haar van de hoofdpersoon geknipt?

4. Waarom ging de familie van de hoofdpersoon haar plagen?

5. Hoe voelde de hoofdpersoon zich nadat ze naar de kapper was geweest?

6. Wat heeft de hoofdpersoon gedaan nadat ze naar de kapper is geweest?

7. Wat was de reactie van de familie van de hoofdpersoon op haar kapsel?

8. Wat deed de hoofdpersoon op kerstavond?

9. Wat maakte de ervaring van de hoofdpersoon specialer?

10. Wat zou er gebeuren als de hoofdpersoon niet naar de kapper zou gaan?

Park

Güneş batıyordu ve park boştu. Bankta oturmuş **arkadaşımı** bekliyordum. Bir saat önce burada buluşmayı planlamıştık ama o hep geç kalıyordu. Tam pes edip eve gitmek üzereyken onun bana doğru koştuğunu gördüm. "Çok üzgünüm," diye soluk soluğa bankın yanına ulaştı. "Trenim **rötar** yaptı." "Sorun değil," dedim **affederek**. "Ben de yeni geldim." Oturduk ve bir süre sohbet ettik, son görüşmemizden bu yana birbirimizin hayatlarını gözden geçirdik. Sohbet **kolayca** aktı ve birbirimizi son gördüğümüzden bu yana hiç zaman geçmemiş gibi hissettik. Güneş batarken vedalaştık ve kendi yollarımıza gittik. Bir sonraki buluşmamız başka bir parktaydı. Yine geç kalmıştı ama ben aldırmadım. Beni **anlayan** biriyle konuşmak güzeldi. Hayallerimizden ve **özlemlerimizden,** hayatlarımızda yapmak istediğimiz şeylerden bahsettik. O bana dünyayı gezme planlarından bahsetti, ben de yazar olma hayalimi paylaştım. Bir gün daha güneş batarken bir kez daha vedalaştık ve bu sefer iletişimde kalacağımıza söz verdik.

Yıllar geçti ve artık ülkenin farklı yerlerinde yaşıyor olsak da **dostluğumuz** güçlü kaldı. Mektuplar ve ara sıra yaptığımız telefon görüşmeleri aracılığıyla iletişimimizi sürdürdük ve birbirimizle hayatlarımızdan

Het park

De zon ging onder, en het park was leeg. Ik zat op het bankje te wachten op mijn **vriendin**. We hadden hier al een uur geleden afgesproken, maar ze was altijd te laat. Net toen ik het wilde opgeven en naar huis wilde gaan, zag ik haar naar me toe rennen. “Het spijt me zo,” hijgde ze toen ze de bank bereikte. “Mijn trein **had vertraging**.” “Het is goed,” zei ik **vergevingsgezind**. “Ik ben hier net zelf.” We gingen zitten en praatten een poosje, praatten bij over elkaars leven sinds we elkaar voor het laatst zagen. Het gesprek verliep **vlot**, en het leek alsof er helemaal geen tijd was verstreken sinds we elkaar voor het laatst hadden gezien. Toen de zon onderging, namen we afscheid en gingen onze eigen weg. De volgende keer dat we elkaar zagen, was in een ander park. Weer was ze te laat, maar dat vond ik niet erg. Het was fijn om iemand te hebben om mee te praten die me **begreep**. We spraken over onze dromen en **aspiraties**, dingen die we wilden doen met ons leven. Zij vertelde me over haar plannen om de wereld rond te reizen, en ik deelde mijn droom om schrijfster te worden. Toen de zon weer onderging, namen we afscheid van elkaar en beloofden we elkaar dit keer te blijven zien.

Jaren gingen voorbij, en onze **vriendschap** bleef sterk,

haberler paylaştık. Evleneceğini açıkladığında **şaşırmadım** - o her zaman **maceracı bir** tip olmuştu. Ama yaşadığım yerden dünyanın öbür ucunda gerçekleşecek düğün töreninde baş nedimesi olup olamayacağımı sorduğunda... ikna olmam biraz zaman aldı! Sonunda en iyi arkadaşımın yanında ben olmadan evlenmesine izin veremezdim, bu yüzden korkularıma rağmen (ve ondan çok yalvardıktan sonra!) Hayatımın **macerasına** dönüşen şey için birlikte gitmeyi **kabul ettim.**

Düğün günü nihayet gelmişti. Gergindim ama arkadaşımın hayatındaki böylesine önemli bir anın parçası olduğum için de heyecanlıydım. Tören çok güzeldi ve yeminlerini ederken mutlu görünüyordu. **Daha sonra** büyük bir partiyle kutladık - tanıdığı herkes onunla kutlamaya gelmiş gibiydi! Asla unutamayacağım **büyülü** bir gündü ve arkadaşlığımız o maceradan sonra daha da güçlendi. Şimdi, yıllar sonra, hala iletişim halindeyiz. İlk tanıştığımızdan bu yana ikimiz de çok **değiştik,** ancak arkadaşlığımız her zamanki gibi güçlü.

ook al woonden we nu in verschillende delen van het land. We hielden contact door middel van brieven en af en toe telefoontjes, waarbij we nieuws over ons leven met elkaar deelden. Toen ze aankondigde dat ze ging trouwen, was ik niet **verbaasd** - ze was altijd al een **avontuurlijk** type geweest. Maar toen ze me vroeg of ik haar bruidsmeisje wilde zijn op haar huwelijksceremonie, dat halverwege de wereld zou plaatsvinden, van waar ik woonde... daar was wel wat overtuigingskracht voor nodig! Maar uiteindelijk kon ik mijn beste vriendin niet laten trouwen zonder mij aan haar zijde, dus ondanks mijn angsten (en na veel smeken van haar!) **stemde** ik ermee in om mee te gaan op wat het **avontuur** van mijn leven bleek te zijn.

De dag van de **bruiloft was** eindelijk aangebroken. Ik was nerveus, maar opgewonden om deel uit te maken van zo'n belangrijk moment in het leven van mijn vriendin. De ceremonie was prachtig, en ze zag er gelukkig uit toen ze haar geloften aflegde. **Daarna** vierden we het met een groot feest - het leek wel of iedereen die ze kende was gekomen om het met haar te vieren! Het was een **magische** dag die ik nooit zal vergeten, en onze vriendschap is na dat avontuur alleen maar sterker geworden. Nu, jaren later, houden we nog steeds contact. We zijn allebei veel **veranderd** sinds we elkaar voor het eerst ontmoetten, maar onze vriendschap is nog even sterk als altijd.

Anlama Soruları

1. Yazar ve arkadaşı ilk nerede tanıştılar?

2. Yazarın arkadaşı buluşmalarına neden geç kalmıştı?

3. Arkadaşlar yıllar sonra tekrar karşılaştıklarında ne hakkında konuştular?

4. Yazar arkadaşının düğün törenine katıldığında ne hissetti?

5. Düğün töreninin yapıldığı ortamı tarif ediniz.

6. İki kadın arasındaki dostluk zaman içinde nasıl değişti?

7. Yazarın hayali nedir?

8. Yazarın arkadaşı nereye seyahat etmeyi planlıyor?

9. Yazar arkadaşının düğün törenine katılmakta neden tereddüt etmiştir?

Begrip vragen

1. Waar hebben de auteur en haar vriendin elkaar voor het eerst ontmoet?

2. Waarom was de vriend van de auteur te laat op hun afspraak?

3. Waar hadden de vrienden het over toen ze elkaar jaren later weer ontmoetten?

4. Hoe vond de schrijfster het om de huwelijksceremonie van haar vriendin bij te wonen?

5. Beschrijf de omgeving van de huwelijksceremonie.

6. Hoe is de vriendschap tussen de twee vrouwen in de loop der tijd veranderd?

7. Wat is de droom van de auteur?

8. Waar is de vriend van de schrijver van plan heen te reizen?

9. Waarom aarzelde de schrijfster om de huwelijksceremonie van haar vriendin bij te wonen?

www.ingramcontent.com/pod-product-compliance
Lightning Source LLC
LaVergne TN
LVHW010602160826
845677LV00013B/3214

* 9 7 9 8 8 4 8 0 1 2 6 4 4 *